JN092714

Training Note トレーニングノート β 英文法

は じ め に

　本書は入試に出る問題を最も効率よく学習し，定着させるために刊行しました。したがって，**受験直前の受験生にも**，また，学校で習った文法事項を復習し，さらにレベルアップした入試問題にアタックしたいと願っている高校生にも無理なく学習できるようになっています。さらに姉妹版『トレーニングノートα 英文法』との併用やその次のステップとしての学習にも適するような内容となっています。

　皆さん！　最小ではなく，最大の努力をして最大の効果をあげましょう‼　一生懸命努力したことは，必ず何かの形で報われます。皆さんの"合格"を心より祈っています。　　　　　　編著者　大井正之

本 書 の 特 色

● **レベル**：中堅私立大入試に対応できます。
● **内容**：入試頻出の文法・語法だけでなく，配点率の高い会話文・口語表現，さらにイディオム（熟語）まで収録し，この1冊で大学受験に必要な**英文法のすべて**の項目がトレーニングできます。
● **「復習問題」**では，各単元で学習した問題が形を変えて再度出てくる**ダブルチェック方式**を採用。
● 通常の問題集と違い，別冊解答では**すべての問題に徹底的に詳しい解説と全訳**をつけました。
　さらに 🖊 **今回のミニ講義**では，受験生がひっかかりやすい内容をわかりやすく解説しました。これにより，本書は問題集でありながら参考書の役目も十分に果たすことができます。

目 次

1 時　制

解答 ▶ 別冊 P.1

POINTS

① 見すごしやすい頻出の現在完了形が使えない場合

② 未来内容を現在形で代用する必出事項について

☐ **1**　次の各文の空所に入る最も適切なものを選びなさい。

(1)　So far, these efforts ⬚⬚⬚⬚ very successful.

(is / were / have been / will be)　　　　　　〔宮崎産業経営大〕

(2)　We ⬚⬚⬚⬚ good friends since we met at the conference two years ago.

(have been / had been / were / would be)　　　　　　〔東邦大〕

(3)　"Have you ever seen that movie?"　"Yes.　When I was in Tokyo, I ⬚⬚⬚⬚ it three times."

(had seen / have seen / saw / would see)

(4)　"When ⬚⬚⬚⬚ here?"　"Just now."

(are you arriving / did you arrive / have you arrived / were you arriving)　　〔京都産業大〕

(5)　I've ⬚⬚⬚⬚ too much tea recently.

(been drunk / been drinking / being drunk / had drunk)　　　　　〔鹿児島大〕

(6)　If I remember correctly, Rachel ⬚⬚⬚⬚ in bed for three weeks tomorrow.

(has sick / was sick / will have been sick / will be sick)　　　　〔名古屋工大〕

(7)　By next March she ⬚⬚⬚⬚ English for six years.

(has been studying / is studying / will be studying / will have been studying)　　〔実践女子大〕

(8)　The next morning, her family noticed that her room was empty and that she ⬚⬚⬚⬚.

(goes / had gone / is gone / went)　　　　　　〔立命館大〕

(9)　I was extremely tired when I got off the plane from London.　I ⬚⬚⬚⬚ for more than 24 hours.

(had been traveling / had traveling / have had travel / was traveled)　　〔慶應義塾大〕

(10)　Oh, my train's arriving.　I'll call you later when ⬚⬚⬚⬚ more time.

(I had / I have / I'll have / I'm having)　　　　　　〔慶應義塾大〕

(11)　⬚⬚⬚⬚ tomorrow, our soccer game will be called off.

(If it will rain / Unless it rains / Whether it rains / In case it rains)　　〔高知大〕

(12) Unfortunately, no one knows if the product name _____ after the renewal of the project.
(will change / had changed / changes / changing)　　　　　　〔広島工業大〕

(13) The _____ I stepped into the bathtub, the phone rang.
(moment / timing / instance / period)　　　　　　〔日本大〕

(14) It won't be long _____ Uncle Walt returns home from his travels.
(after / before / when / while)　　　　　　〔立教大〕

(15) It is already over three years _____ David started working as a doctor.
(before / ago / when / since)　　　　　　〔岩手医科大〕

(16) _____ had she left home than it began to rain.
(No later / No sooner / No earlier / At once)　　　　　　〔四天王寺大〕

□ **2** 次の各文の下線部で，誤りのある部分を指摘し，訂正しなさい。

(1) Last week ①I've been visiting Sapporo and Niigata ②but I still want to ③go to Kyoto ④if I get the chance.　　　　　　〔慶應義塾大〕

(2) Family passports have now ①been discontinued, but ②existing ③ones may still be used until they ④will expire.　　　　　　〔学習院大〕

□ **3** 次の各文の空所に入れるのに不適切なものを1つ選びなさい。

(1) I have lived here _____ years.
(a good forty / for forty / forty / since forty / some forty)　　　　　　〔早稲田大〕

(2) During my visit I _____ to go to Hiroshima to visit the Peace Memorial.
(am hoping / have hoped / hope / hoped / was hoping)　　　　　　〔早稲田大〕

□ **4** 次の各組の文が同じ内容になるように空所に1語入れなさい。

(1) { They are about to start.
    { They are (　　　) the point of starting.　　　　　　〔小樽商科大〕

(2) { It is three years since his father died.
    { Three years (　　　) (　　　) since his father died.
    { His father has (　　　) (　　　) for three years.

3

2 助動詞

POINTS

① will，should の特別用法，および助動詞の表すさまざまな意味

② 「助動詞＋ have ＋過去分詞」の表す内容とその言いかえについて

□ **1** 次の各文の空所に入る最も適切なものを選びなさい。

(1) A：What time shall we meet, six or six thirty?

　　B：Either will _____ .

　　(fine / meet / do / good)　〔東京電機大〕

(2) John _____ hungry because he has just eaten lunch.

　　(may be / must be / can't be / should be)　〔桜美林大〕

(3) If you sell all these products we have by the end of this month, you _____ be promoted.

　　(are going / have to / were to / ought to)　〔杏林大〕

(4) There _____ be a book store around the corner.

　　(used / used to / is used / is used to)　〔清泉女子大〕

(5) I _____ to be a swimmer, but I'm not any more.

　　(hoped / liked / used / wanted)　〔鹿児島大〕

(6) When she sang in her restaurant, her sisters _____ often come down and join her.

　　(will / can / would / may / were)　〔大東文化大〕

(7) Tracy _____ to Kevin before he left, but she didn't.

　　① cannot have talked　　② may have talked

　　③ must have talked　　④ should have talked　〔高知大〕

(8) We're lost! We _____ a wrong turn at the last corner.

　　① should have taken　　② can have taken

　　③ need not have taken　　④ must have taken　〔高知大〕

(9) Taro _____ there yesterday, but nobody saw him.

　　(might be / might have been / must have to be / should be)　〔関西学院大〕

(10) Megumi ought to _____ to him after they quarreled fiercely.

　　(have apologized / have been apologized / apologized / apologizing)　〔東海大〕

(11) A service charge was included in the bill. You _____ the waiter such a good tip.

　　① cannot have given　　② may have given

　　③ ought to give　　④ shouldn't have given　〔大妻女子大〕

(12) He _____ such a bad thing because I was with him the whole time.

　　(can't do / can't have done / won't do)　〔県立広島大〕

(13) I want to lose some weight. I [＿＿＿] eat too much.

(haven't better / didn't have better / had not better / had better not) 〔安田女子大〕

(14) [＿＿＿] say anything good to him.

(I hadn't rather / I'd rather not / I'd rather not to / I rather didn't) 〔玉川大〕

(15) It was necessary that we [＿＿＿] prepared for an emergency.

(are / be / have / should) 〔近畿大〕

(16) Do me a favor, [＿＿＿] you?

(will / shall / don't / do) 〔東北工業大〕

(17) Let's break for lunch, [＿＿＿]?

(do you / don't you / will you / shall we) 〔関西学院大〕

(18) Your aunt hardly ever leaves her house, [＿＿＿]?

(is she / does she / isn't she / doesn't she) 〔立教大〕

□ **2**　次の日本文に合うように（　）内の語（句）を正しく並べかえなさい。

(1) そんな騒々しい所へ行くくらいなら，家でテレビを見ていたほうがましだ。 〔青山学院大〕

I'd (and / go / home / out / rather / stay / than / to / TV / watch) such a noisy place.

(　　　　　　　　　　　　　　　　　　　　　　　　　　　　　　　　　)

(2) そんなものに金を使うくらいなら捨てたほうがましだ。

You might (the money / away / well / on / it / as / as / spend / throw) such a thing.

(　　　　　　　　　　　　　　　　　　　　　　　　　　　　　　　　　)

□ **3**　次の各組の文が同じ内容になるように空所に 1 語入れなさい。

(1) { He (　　　) (　　　) complain of the treatment.
     { It is only natural that he should complain of the treatment. 〔北海学園大〕

(2) { I'm sure you were surprised at the noise.
     { You (　　　) (　　　) (　　　) surprised at the noise.

□ **4**　次の日本文の意味に最もふさわしい英文を 1 つ選びなさい。

きみが彼の話を聞きのがしたのは，何とも残念だ！ 〔国学院大〕

ア You really had to hear him to talk!　　　イ You really should have heard him to talk!

ウ You really cannot have heard him talk!　　エ You really should have heard him talk!

□ **5**　次の文の下線部で，誤りのある部分を指摘し，訂正しなさい。「誤りがない場合」には，
NO ERROR のマークを選ぶこと。

It is essential that _A_we all _B_will listen to _C_what our coach _D_has to say about the big game.
_E_NO ERROR 〔早稲田大〕

3 動 詞 語法1

🖉 POINTS
① 他動詞と自動詞の区別，および進行形が可能かどうか
② 「動詞＋ A to ＋原形」型をとることのできる動詞

☐ **1** 次の各文の空所内に入る最も適切なものを選びなさい。

(1) She ☐ the flower arrangement club.

(belongs / belongs to / is belonging / is belonging to) 〔共立女子大〕

(2) You look so tired. A week in Hawaii will ☐ you good.

(do / feel / make / turn) 〔名城大〕

(3) The storm ☐ much damage to the rice crop.

(did / gave / brought / made) 〔北海学園大〕

(4) Whenever I am away from home, I ☐ my dog.

(feel sorry / take care / mistake / miss) 〔女子栄養大〕

(5) I wonder how long this fine weather will ☐.

(end / last / pass / stop) 〔南山大〕

(6) I feel ill. I think I'll ☐ for a while.

(lie down / lay down / lay on / laid down) 〔福岡大〕

(7) Unlike some other drugs, this new drug did not ☐ heart rates or blood pressure.

(raise / raised / rise / rose) 〔甲南大〕

(8) When I ☐ the house, I noticed a light on upstairs.

(arrived / approached / went / came) 〔中村学園大〕

(9) I ☐ a high school near my home.

(go / attend / attend to / absent / absent to) 〔立正大〕

(10) She asked me not to ☐ her failure.

(mention / mention about / mention on / mention for) 〔亜細亜大〕

(11) At colleges and universities the term 'Arts' usually ☐ to humanities and social sciences.

(indicates / means / mentions / refers) 〔中央大〕

(12) My study group at school ☐ some research into the health of women in China.

(did / had / made / were) 〔慶應義塾大〕

(13) Betty has been married ☐ her husband for seven years.

(at / in / on / to) 〔立命館大〕

(14) I believed, as □ my friends, that there would be a test on Friday, but we were

mistake.

(did / got / have / were)   〔慶應義塾大〕

(15) What you say □ no difference to the way we think.

(makes / takes / is / has)   〔桃山学院大〕

(16) I □ your success.

(hope / am hoping / hope for / hope in)   〔立命館大〕

(17) Eventually the salesman □ me to buy the expensive machine.

(insisted / persuaded / talked / said)   〔桜美林大〕

□ **2**　次の各文の下線部で，誤りのある部分を指摘し，訂正しなさい。

(1) They ①have ②been ③discussing about the problem ④since this morning.   〔国士舘大〕

(2) He told me that he ①would ②marry with her if he ③were in my ④place.   〔名古屋外国語大〕

(3) Roughly 20 to 30% of all species ①are going to be at risk of extinction ②if the average global

temperature ③raises ④by 1.5 to 2.5℃ above 1990 levels.   〔立命館大〕

□ **3**　次の文のうち適切なものを１つ選びなさい。

(1) She does not resemble either of her parents.

(2) She resembles to neither of her parent.

(3) She is not resembling either of her parents.

(4) She is resembling neither parent.   〔東洋大〕

□ **4**　次の各文の空所に入れるのに不適切なものを１つ選びなさい。

(1) I □ Sandy and her family to come.

(wanted / hoped / expected / asked)   〔関西学院大〕

(2) When Yoko □ the entrance, she suddenly decided to turn around and go back home.

(arrived at / came to / got to / reached to / was at)   〔早稲田大〕

□ **5**　次の文が同じ内容になるように空所に１語入れなさい。

{ This ring cost me 100,000 yen.

{ I (　　　) 100,000 yen for this ring.   〔女子栄養大〕

4 動 詞 語法2

📝 POINTS

① 二重目的語をとることのできる動詞ととることのできない動詞

② 後にくる前置詞(句)による動詞の選択について

□ **1** 次の各文の空所に入る最も適切なものを選びなさい。

(1) At the previous meeting, the manager ⬚ us that we were getting a new computer system by February.

(said / talked / told / explained) 〔武蔵工業大〕

(2) Judy ⬚ that she had seen my big brother.

(spoke / talked / said / told)

(3) I have something to ⬚ over with you.

(talk / discuss / speak / tell) 〔芝浦工業大〕

(4) I can't ⬚ a genuine pearl from an imitation.

(say / speak / tell / look) 〔清泉女子大〕

(5) I'm going to try to ⬚ my father into buying a new car.

(speak / say / talk / tell) 〔摂南大〕

(6) The company offered ⬚ because of her qualifications.

(Hiroko the job / the job for Hiroko / Hiroko to the job / to Hiroko the job) 〔拓殖大〕

(7) We can ⬚ three hours by taking the super express.

(hit / receive / earn / save) 〔中村学園大〕

(8) Can you ⬚ a minute? I want to talk about the trip to Nara.

(spare / save / space / spend) 〔札幌大〕

(9) The Johnsons ⬚ an apartment when they lived in Tokyo, but it was very expensive.

(remained / rented / collected / stayed) 〔摂南大〕

(10) Female whales do not ⬚ eggs but give birth to babies and feed them breast milk.

(grow / plant / sow / lay) 〔川崎医科大〕

(11) We ⬚ your understanding in the matter.

(concern / appreciate / regret / notify) 〔学習院女子大〕

(12) The new member gradually ⬚ to know the rules of the game.

(became / got / grew / turned) 〔青山学院大〕

(13) Please ☐ yourself to some fruit.
(give / enjoy / help / bring / behave) 〔名城大〕

(14) I always keep the dictionary on the desk so that I can ☐ it at any time.
(consult / draw / look / refer) 〔明星大〕

(15) I know you were born in New York, but where were you ☐ ?
(raised / grown / raised up / grown up) 〔岩手医科大〕

(16) Tracy apologized ☐ .
① to him for her bad table manners
② him for her bad table manners
③ him her bad table manners
④ her bad table manners to him 〔高知大〕

(17) He took the trouble to inform ☐ as soon as it was announced.
(me the result / me of the result / the result for me / on the result to me) 〔関西学院大〕

(18) He was ☐ of his bag the other day.
(stolen / robbed / stealing / robbing) 〔松山大〕

(19) We do not know how the report ☐ made public.
① came to being   ② come to be
③ came to be   ④ came to have
⑤ comes to being 〔早稲田大〕

☐ **2** 次の文の空所に入れるのに不適切なものを１つ選びなさい。
The travel agency ☐ that air fares would go up during the holiday seasons.
(told me / said / explained me / suggested to me)

☐ **3** 次の各文の下線部で，誤りのある部分を指摘し，訂正しなさい。

(1) Excuse me, ①could you ②teach me the way to the ③bus station, ④please? 〔獨協大〕

(2) I am ①often said ②by many people, ③including strangers, that I ④look like Seiko Matsuda. 〔獨協大〕

(3) They ①suggested her that she ②should go alone, but she ③turned a deaf ④ear to them.

(4) Mrs. Miller ①always ②says her sons to be polite ③when ④talking to older people. 〔清泉女子大〕

5 比　較

① 用法としての攻略──比較級・最上級の強調に用いる語(句)について
② 比較級に the がつく必出事項について

□ **1** 次の各文の空所に入る最も適切なものを選びなさい。

(1) Using a cellphone is ⬚ of communication.
　① fastest of any other methods　　② the faster than any other methods
　③ the fastest of any methods　　④ faster than any other method　　〔玉川大〕

(2) The costs were ⬚ greater than had been anticipated.
　(far / more / quite / very)　　〔立命館大〕

(3) When the president was seated, the waiter offered him the ⬚ best wine.
　(much / very / by far / more)　　〔名古屋工大〕

(4) Mark is expected to take over his father's business as he is ⬚ boy of the two sons in his family.
　(older / oldest / the older / the oldest)　　〔近畿大〕

(5) The Pacific Ocean is ⬚ here at this point.
　(deepest / deeply / a deeper / the deeper)　　〔沖縄国際大〕

(6) "⬚ in North America is higher than Mt. McKinley" means "Mt. McKinley is the highest mountain in North America."
　① Any mountain　　② Any other mountains
　③ Not any other mountains　　④ No other mountain　　〔大妻女子大〕

(7) On Sundays my sister prefers reading books at home ⬚ her friends and neighbors.
　(to visiting / than visiting / to visit)　　〔県立広島女子大〕

(8) The performance of this year's computer is far ⬚ to last year's model.
　(better / greater / more excellent / superior)　　〔近畿大〕

(9) The ⬚ half of this book is more interesting than the former half.
　(late / later / latter / lately)　　〔愛知工大〕

(10) I was glad that my salary rose tremendously last year, but I didn't know that I had to pay almost twice ⬚ I had paid in the previous year.
　(as more tax as / as much tax as / more tax than / more than tax)　　〔杏林大〕

(11) It is said that he had ⬚ 28 children.
　(no more than / little more than / no less than / more and more)　　〔東北工業大〕

(12) I will help Tom all ⬚ for his hard work.
　(more / less / the more / the most)　　〔関西学院大〕

(13) Some young people today are [＿＿＿] the wiser for their university education.

(no / none / nothing / nowhere) 〔明治学院大〕

(14) Hiroko has seen as many foreign movies [＿＿＿] in her class.

(as anybody / as nobody / so anybody / than anybody)

□ **2** 次の日本文に合うように( )内の語(句)を正しく並べかえなさい。

(1) 韓国人にとってのキムチと同様に，ご飯と味噌汁の組み合わせは，日本人にとっては欠かせないものです。

The combination of rice and miso soup is as (as / is / essential / kimuchi / to the / Japanese) to the Koreans. 〔玉川大〕

(　　　　　　　　　　　　　　　　　　　　　　　　　　　　　　)

(2) その文章は考えれば考えるほど，難しいもののように思えた。

The more I thought about the passage, the (difficult / become / it / to / more / seemed). 〔日本福祉大〕

(　　　　　　　　　　　　　　　　　　　　　　　　　　　　　　)

(3) トムはこの重要な問題に関して彼女と議論するほど愚かではなかった。

Tom (about / argue / better / important / her / knew / than / this / to / with) matter. 〔青山学院大〕

(　　　　　　　　　　　　　　　　　　　　　　　　　　　　　　)

□ **3** 次の各文の下線部で，誤りのある部分を指摘し，訂正しなさい。

(1) We have come ①to realize that the company is ②far the most ③important client ④of all.

〔明海大〕

(2) ①Planning an outline for your essay gives you a basic structure from which to work. You ②will probably find the writing of your essay ③much easy if you ④are working with a plan.

〔慶應義塾大〕

□ **4** 次の各組の文が同じ内容になるように空所に1語入れなさい。

(1) {
He has only two dollars.
He has (　　　) (　　　) (　　　) two dollars. 〔兵庫県立大〕
}

(2) {
She is senior to him by three years.
She is three years (　　　) (　　　) he is. 〔兵庫県立大〕
}

(3) {
Next to Tokyo, Yokohama is the largest city in Japan.
Yokohama is the (　　　) largest city in Japan. 〔北陸大〕
}

□ **5** 次の日本文を英語にしなさい。(1)は書き出しのあとに続けること。

(1) これは，ぼくが今までに訪れた中で最も美しい島のひとつです。 〔関西学院大〕

This is (　　　　　　　　　　　　　　　　　　　　　　　　　).

(2) 母親のわが子に対する愛情ほど美しいものはない。 〔藤女子大〕

(　　　　　　　　　　　　　　　　　　　　　　　　　　　　　　)

6 否 定

📝 POINTS

① neither，nor を用いた「否定＋倒置」の必出表現
② 否定語が2つで強い肯定の意味になる二重否定について

☐ **1** 次の各文の空所に入る最も適切なものを選びなさい。

(1) I do not enjoy living in this country at all. ☐

　① In contrast, my husband hates it.　② My husband does, too.

　③ Neither does my husband.　④ Also, my husband loves it.　　〔東邦大〕

(2) Connie has never had a pet dog, ☐ want one now.

　(and she neither / and neither she / nor does she / nor she does)　　〔西南学院大〕

(3) I knew George would come late to the party, so I didn't show up on time ☐ .

　(anyway / besides / either / likewise)　　〔立教大〕

(4) He always has his own way. He won't listen to his friends, ☐ his opponents.

　(moreover / neither / much less / no more)　　〔慶應義塾大〕

(5) There is little, ☐ , hope of her recovery.

　(if some / if any / if only / if much)　　〔沖縄国際大〕

(6) "Is Tom coming to the party today?" "I ☐ . He's sick."

　(don't suppose it / suppose it / suppose not / suppose so)　　〔京都産業大〕

(7) My cousin is ☐ in managing time.

　① second to none　② next to nothing

　③ before everything　④ first to everyone　　〔立命館大〕

(8) I am ☐ interested in this topic than you are.

　(fewer / no more / not very / too much)　　〔東北学院大〕

(9) I can't ☐ to buy such an expensive computer.

　(afford / pay / spend / have)　　〔名古屋学院大〕

(10) The operation is quite free ☐ danger.

　(in / from / off / without)　　〔福岡大〕

(11) Betty's understanding of Japanese is far ☐ perfect.

　(from / by / of / without)　　〔沖縄国際大〕

(12) A: Do you know Mr. Johnson, the new teacher?

　B: Actually, I don't know him in the ☐ .

　(less / least / more / most)　　〔追手門学院大〕

(13) The house is anything ☐ comfortable to live in.

　(also / but / from / of / off)　　〔東京理科大〕

□ **2** 次の日本文に合うように（　）内の語(句)を正しく並べかえなさい。

(1) 父は，家に帰ってきて初めてノート型パソコンを忘れたことに気づいた。

It was (home / not / my father / came / until / that) he noticed he had left his laptop behind. 〔関東学院大〕

(　　　　　　　　　　　　　　　　　　　　　　　　　　　　　)

(2) 車を運転する時には注意しすぎることはない。

You (be / drive / you / cannot / a car / too / when / careful). 〔札幌大〕

(　　　　　　　　　　　　　　　　　　　　　　　　　　　　　)

(3) ロンドンで彼に会うとは考えてもみなかった。

He (expected / was / man / the last / I / to) see in London. 〔九州国際大〕

(　　　　　　　　　　　　　　　　　　　　　　　　　　　　　)

(4) 大きな動物が必ずしも多くの骨でできているとは限らない。

Larger animals (do / larger / a / not / necessarily have / number) of bones in them. 〔埼玉工業大〕

(　　　　　　　　　　　　　　　　　　　　　　　　　　　　　)

(5) 遊園地はたくさんあるが，成功しているものは多くない。

There are (　　　)(　　　), (　　　)(　　　)(　　　)(　　　)(　　　) successful.

(all / amusement parks / are / but / not / of / many / them) 〔摂南大〕

(　　　　　　　　　　　　　　　　　　　　　　　　　　　　　)

(6) それは，きみが心配していることと何の関係もない。

It (do / has / nothing / to / what / with / worried / you're) about. 〔金沢工業大〕

(　　　　　　　　　　　　　　　　　　　　　　　　　　　　　)

□ **3** 次の各組の文が同じ内容になるように空所に1語入れなさい。

(1) Whenever I hear this song, I remember my grandmother.
I (　　　) hear this song (　　　) remembering my grandmother. 〔兵庫県立大〕

(2) In winter, it is no less cold in Japan than in Scandinavian countries.
In winter, it is (　　　) cold in Japan as in Scandinavian countries. 〔中京大〕

(3) Both Tom and Dick are optimistic rather than lazy.
Both Tom and Dick are (　　　) so much lazy (　　　) optimistic. 〔法政大〕

□ **4** 日本文と同じ意味になるように空所に適切な語を入れなさい。

(1) 明日8時までに必ず来てください。

Don't (　　　) to come by eight tomorrow. 〔中央学院大〕

(2) 私は彼らを止めようとしたが，だめでした。

I tried to stop them, but in (　　　). 〔北陸大〕

□ **1** 次の各組の文が同じ内容になるように空所に1語入れなさい。

(1) ⎰ Happiness consists in contentment rather (   ) in wealth.
  ⎱ Happiness consists not (   ) much in wealth as in contentment. 〔静岡県立大〕

(2) ⎰ This pond is the biggest in this region.
  ⎱ (   ) (   ) pond is bigger than this one in this region. 〔兵庫県立大〕

□ **2** 次の各文の空所に入る最も適切なものを選びなさい。

(1) I don't smoke, and ☐.

(neither do I drink / I neither drink / I don't drink, too / I don't drink, neither) 〔山梨大〕

(2) ☐ I saw the cute puppy at the shop, I decided to buy it as my pet.

(The moment / By the moment / To the moment / For the moment) 〔名古屋工大〕

(3) In recent years taxes ☐ at a faster rate in Europe than elsewhere.

(had risen / should rise / have risen / could rise) 〔神奈川大〕

(4) The more I studied biology, ☐ I came to find it.

(the more interested / the more interesting / the more interest / much more interested)

(5) Once the train ☐ the city, we won't be able to use the telephone.

(leaves / will leave / leaves from / left from) 〔東京国際大〕

(6) A : I am glad you enjoyed your stay here.

  B : I appreciate ☐ time for us all.

(you take / you to take / your taking / of your taking) 〔追手門学院大〕

(7) A : John is always asking his friends for money.

  B : You ☐ throw your money away as lend it to him.

(may well / might well / might as / might as well) 〔追手門学院大〕

(8) She ☐ me about her daughter's marriage.

(said / spoke / told / talked) 〔名城大〕

(9) On June 15, 2015, Mary ☐ working at Springtime Flower Shop for 25 years.

(will have been / is being / will be / has been) 〔東海大〕

(10) She explained ☐.

(how to make it / me to make it / me how to make it / me make it) 〔摂南大〕

(11) It ☐ ten years since I moved to Osaka.

(has passed / has been / passed / has been passing) 〔清泉女子大〕

(12) He knows little of mathematics, ☐ of chemistry.

(as well as / still less / no less than / still more) 〔北陸大〕

(13) When Romeo first met Juliet, he felt that he ☐ another girl as fair as she.

(never saw / had never seen / didn't see / has never seen) 〔山梨大〕

(14) He knows ☐ than to believe such a thing.

(better / greater / rather / less) 〔青山学院大〕

□ **3** 次の各文の下線部で，誤りのある部分を指摘し，訂正しなさい。

(1) ①<u>Entering</u> the room, I could not help but ②<u>wonder</u> ③<u>if</u> I ④<u>have seen</u> the picture before.

〔明治学院大〕

(2) ①<u>Despite</u> the cost, all iPads in the store were sold ②<u>out</u>, and this is the first time I've ③<u>never</u> seen my grandfather ④<u>disappointed</u> to leave an electronics store. 〔立教大〕

(3) Mr. McKee is ①<u>most greater than</u> ②<u>anyone else</u>. ③<u>The better</u> you know him, ④<u>the more</u> you will come to respect him. 〔京都外国語大〕

(4) She ①<u>got married</u> ②<u>with</u> her boyfriend last autumn at the big church ③<u>in the center of the</u> city ④<u>by</u> the lake. 〔学習院大〕

□ **4** 次の日本文に合うように（　）内の語(句)を正しく並べかえなさい。

(1) 私の先生は優しいので，一層好きだ。

I like (her / for / the / teacher / better / my / all) kindness. 〔安田女子大〕

(　　　　　　　　　　　　　　　　　　　　　　　　　　　)

(2) 我が家では母が一番働き者です。

My (anybody / else / harder / in / mother / than / works) our family. 〔立命館大〕

(　　　　　　　　　　　　　　　　　　　　　　　　　　　)

(3) 通りを渡る時は，どんなに注意してもしすぎるということはない。

You (too / cannot / you / careful / be / when) cross the street. 〔九州国際大〕

(　　　　　　　　　　　　　　　　　　　　　　　　　　　)

(4) 夜になって初めて，テッドは事態の重大さに気がついた。

It was (that / was / serious / until / recognized / Ted / how / the situation / evening / not).

〔高知大〕

(　　　　　　　　　　　　　　　　　　　　　　　　　　　)

7 不定詞

✏ **POINTS**

① 不定詞の意味上の主語（for だけではない）の表し方

② 原形不定詞のさまざまな用法と慣用表現について

□ **1** 次の各組の文が同じ内容になるように空所に 1 語入れなさい。

(1) { She was careless to leave her purse in the bus.
　　 (　　　) was careless (　　　) her to leave her purse in the bus.　　〔山梨大〕

(2) { His pride would not allow him to accept any reward.
　　 He was (　　　) proud (　　　) accept any reward.　　〔北海学園大〕

(3) { Don't fail to come here by the appointed time.
　　 Be (　　　) to come here by the appointed time.　　〔広島修道大〕

(4) { You have only to repeat what I say.
　　 (　　　) you have (　　　) do is to repeat what I say.　　〔昭和女子大〕

□ **2** 次の各文の空所に入れるのに不適切なものを 1 つ選びなさい。

(1) Plane travel ☐ to be cheaper in the long run.

　(ought / seems / turns out / is sure / is used)

(2) Let's ☐ fix the window.

　(get him to / have him / have him in to / make him / make him to)　　〔早稲田大〕

□ **3** 次の各文の空所に入る最も適切なものを選びなさい。

(1) She got hurt by what you said. It would have been wiser for you ☐ unsaid.

　(to leave / to be left / to have left it / to have left / to have been left)　　〔北里大〕

(2) I don't really want him to attend the meeting, but I do ☐ him to be there.

　(wish / expect / let / understand)　　〔明治大〕

(3) My father ☐ me to go to London to study economics.

　(appeared / encouraged / provided / replied)　　〔名城大〕

(4) The boss told Rupert about the newest research project for product development in a low voice ☐ heard by others.

　(in so far as / so as not to be / such as it is / without so much as)　　〔東洋英和大〕

(5) Since I missed the last bus yesterday, I had no ☐ but to take a taxi home.

　(chance / choice / measure / method / possibility)　　〔東京医科大〕

(6)　You've done nothing 〔⬚〕 complain all day.

　　(about / but / for / else)　　　　　　　　　　　〔桃山学院大〕

(7)　This river is dangerous to 〔⬚〕 in summer.

　　(swim / swim it / swim in / be swum)

(8)　He stopped smoking because his wife and children asked him 〔⬚〕.

　　(for / at / to / of)　　　　　　　　　　　　　〔日本大〕

(9)　I came all the way from Hokkaido to see my aunt, 〔⬚〕 to find that she had moved.

　　(about / as / enough / only)　　　　　　　　　〔関西学院大〕

(10)　John failed many of his classes last year. 〔⬚〕 to say, he should study harder.

　　(Needed / Needless / Necessary / Necessity)　　〔南山大〕

(11)　Ms. Lee sends reports every month to let the manager 〔⬚〕 the profits from sales.

　　(to know / know / knowing / known)　　　　　〔関西学院大〕

(12)　Some kind students helped me 〔⬚〕 the heavy chairs out.

　　(have carried / carry / in carriage / to be carried)　〔同志社女子大〕

(13)　We have heard plant authorities 〔⬚〕 these things hundreds of times.

　　(to say / say / said / that have been said)　　　〔武蔵工業大〕

(14)　A : Will you teach me some judo tricks?

　　B : I'll be glad 〔⬚〕.

　　(of / with / at / to / on)

□　**4**　次の文の空所に入る最も適切なものを選びなさい。

　　I'll 〔⬚〕 English in six months.

　　① make you speaking　　② have you speaking

　　③ allow you speak　　　　④ let you to speak

□　**5**　次の日本文に合うように（　）内の語(句)を正しく並べかえなさい。

(1)　私はかげで同僚の悪口を言わないことにしている。

　　I make it (of / speak / not / a rule / to / ill) my colleagues behind their backs.　〔九州国際大〕

　　(　　　　　　　　　　　　　　　　　　　　　　　)

(2)　次回の集会は10月1日に開かれます。

　　The (is / next / to / October 1 / meeting / held / be / on).　〔福山大〕

　　(　　　　　　　　　　　　　　　　　　　　　　　)

8 不定詞・動名詞

📝 **POINTS**

① 目的語として不定詞だけをとる動詞，および動名詞だけをとる動詞

② to 不定詞と動名詞で意味が大きく変わるもの

☐ **1** 次の各文の空所に入る最も適切なものを選びなさい。

(1) The city is considering ☐ new buses to improve mass transit.

(ordered / orders / to order / ordering) 〔武蔵工業大〕

(2) I really hate it when you pretend ☐ everything.

(to know / knowing / know / knows) 〔沖縄国際大〕

(3) The Prime Minister ☐ to answer the question at the international conference.

(resented / rejected / refused / avoided) 〔高知大〕

(4) I am a pretty easy-going fellow, so I don't generally mind ☐ waiting.

(being kept / by keeping / having kept / keeping) 〔慶應義塾大〕

(5) I ☐ to learn to play the flute. It's just too difficult for me.

① gave up for me to try ② gave up my trying

③ had to give up to try ④ have given up trying 〔慶應義塾大〕

(6) If you have any questions concerning this case, please don't ☐ to ask.

(afraid / change / hesitate / refrain) 〔関西学院大〕

(7) He bitterly regretted ☐ into music.

① that he should have gone ② to having gone

③ not have gone ④ not having gone 〔福岡大〕

(8) I remember ☐ a lot of songs together for hours three years ago.

(of singing / to sing / us singing / we singing) 〔青山学院大〕

(9) I'll never forget ☐ Kofu when I was young.

(to visit / to have visited / visited / visiting) 〔山梨大〕

(10) My teacher is angry because I forgot ☐ the homework in time.

(completing / completion / to complete / completed) 〔別府大〕

(11) Paul suggested ☐ a party for Vicky when she came back home.

(having / to have / will have / being having) 〔名古屋工業大〕

(12) This symphony is a real masterpiece. I think it's worth ☐ over and over again.

(be listened to / listening to / to be listened to / to listening to) 〔藤女子大〕

(13)　Please remember ☐ when I am away.

① feeding the goldfish every third day

② to feed the goldfish every three days

③ to feed the goldfish every other days

④ feeding the goldfish every second day

〔神戸松蔭女子学院大〕

(14)　Fred avoided ☐.

① to talk to his boss

② to have talked to his boss

③ if he could talk to his boss

④ that he should not talk to his boss

⑤ talking to his boss

〔大東文化大〕

(15)　There being only two trains a day to the village, we decided ☐ instead of waiting.

(by driving / driving / drove / to drive)

〔慶應義塾大〕

□ **2** 次の日本文と同じ意味になるように空所に適切な語を入れなさい。

(1)　彼の勇気を賞賛せざるをえない。

We cannot (　　　) admire his courage.

〔鹿児島大〕

(2)　私はきみがまちがいをしたと思わざるをえないよ。

I cannot (　　　) feeling that you made a mistake.

□ **3** 次の文の中で語法上まちがっているものを1つ選びなさい。

① Do you object to his smoking?

② I could not avoid meeting him.

③ I could not enjoy to meeting him.

④ I could not help but meet him.

⑤ I escaped being hurt in the accident.

〔東京理科大〕

□ **4** 次の文の空所に入れるのに不適切なものを1つ選びなさい。

I ☐ playing tennis early in the morning.

(am / dislike / enjoyed / hope / prefer)

〔早稲田大〕

9 動名詞

解答 ▶ 別冊P.14

✐ POINTS

① イディオム化している動名詞の必出慣用表現について
② 入試必出の，to のあとでも原形ではなく，〜 ing 形がくるもの

☐ **1** 次の各文の空所に入る最も適切なものを選びなさい。

(1) It was late when I got home and I managed to get to my room without my mother ☐ me.

(being / seen by / seeing / seeing by / seen) 〔慶應義塾大〕

(2) Do you mind ☐ ?

(to me smoke / of my smoking / my smoking / yourself of my smoke) 〔関西学院大〕

(3) What would you say ☐ something at my place tonight?

(eat / to eat / eating / to eating) 〔玉川大〕

(4) Most people agree that our pension system is broken and needs ☐ .

(fix / fixed / fixing / fixture) 〔立教大〕

(5) ☐ , she smiled quietly to herself.

① On hearing the news ② To hearing the news

③ With the news hearing ④ Of hearing the news 〔福岡大〕

(6) All the overseas students are looking forward ☐ about Japanese customs during their stay in Kyoto.

(learning / to learn / to learning / learn) 〔摂南大〕

(7) He is decorating the house with a ☐ it.

(view to selling / view to sell / purpose of selling / purpose to sell / regard to selling) 〔中央大〕

(8) Although our universe is still in its youth, theorists are busy ☐ its ultimate fate.

(explore / to explore / explored / exploring) 〔上智大〕

(9) I can hardly ☐ abroad.

(imagine him going / imagine him go / imagine him to go / imagine him to be going)

〔慶應義塾大〕

(10) Kyoko had ☐ finding my house the other day.

(a difficulty / difficulty / no difficult / no troubles)

(11) Most Americans don't object ☐ them by their first names.

(that call / for calling / to our calling / to call)

(12) My sister insisted ☐ the problem by myself.

① me to solve ② on me to solve

③ on my solving ④ that I should be solved

□ **2** 次の日本文に合うように（ ）内の語（句）を正しく並べかえなさい。

(1) 最新技術となると，私はいつも一歩遅れている。

I am always a (behind / comes / it / new / step / to / when) technology. 〔立命館大〕

(　　　　　　　　　　　　　　　　　　　　　　　　　　　　　　　　　　　　　)

(2) 今世紀中に，携帯電話の技術がどのように進歩するのか，見当もつかない。

There is (　　) (　　) (　　　) (　　　) of mobile phones (　　) progress in this

century. 　　　(how / the technology / telling / will / no) 〔明海大〕

(　　　　　　　　　　　　　　　　　　　　　　　　　　　　　　　　　　　　　)

(3) 健康が富に勝ることは言うまでもない。

(above / goes / health / is / it / saying / that / wealth / without). 〔獨協医大〕

(　　　　　　　　　　　　　　　　　　　　　　　　　　　　　　　　　　　　　)

(4) 私の母は，父が気分を害さずに手伝ってくれるよう，説得するのに慣れている。

My mother is (　　　) (　　　) (　　　) my father (　　) her (　　) offending him.

(to help / persuading / to / without / used) 〔明海大〕

(　　　　　　　　　　　　　　　　　　　　　　　　　　　　　　　　　　　　　)

(5) トラック運転手は，製品を長距離にわたって運ばなければならないので，休憩なしで何時間も
運転することに慣れている。

Truck drivers, who must transport products over a long distance, (to / are / for / driving /
accustomed) hours without taking a break. 〔昭和女子大－改〕

(　　　　　　　　　　　　　　　　　　　　　　　　　　　　　　　　　　　　　)

□ **3** 次の各組の文が同じ内容になるように空所に1語入れなさい。

(1) ⎰ I am in no mood to go out today.
　　⎱ I don't (　　) (　　) going out today. 〔聖心女子大〕

(2) ⎰ I'm sorry she didn't answer your letter sooner.
　　⎱ I'm sorry for (　　) (　　) (　　) (　　) your letter sooner. 〔小樽商科大〕

(3) ⎰ It is useless to ask her a little favor.
　　⎱ It is no (　　) (　　) her a little favor. 〔静岡県立大〕

□ **4** 次の各文の下線部で，誤りのある部分を指摘し，訂正しなさい。

(1) We were ①supposed to try to ②sleep for four hours ③before explore the surface ④of the
moon. 〔明治学院大〕

(2) ①For a long period of time, she has devoted all of her energy ②to study ③literature and the
④performing arts. 〔明海大〕

□ **5** 次の日本文と同じ意味になるように空所に適切な語を入れなさい。

彼はさようならも言わずに出ていった。

He went out without (　　) (　　) (　　) saying good-by. 〔島根医科大〕

10 分 詞

解答▶別冊P.16

🖉 POINTS

① ⓜのあとの過去分詞における「ⓜ＋過去分詞」の関係について

② 現在分詞と過去分詞の形容詞としての用法

☐ **1** 次の各文の空所に入る最も適切なものを選びなさい。

(1) Mary had a very healthy diet; she only ate vegetables ☐ on the farm.

(grow / grew / grown / to grow) 〔広島工業大〕

(2) I saw Mrs. Smith ☐ the street.

(crossing / to cross / crosses / crossed) 〔名城大〕

(3) Where did you go to ☐ ?

① have your suit was made ② your suit make

③ have your suit making ④ have your suit made

⑤ have made your suit 〔大東文化大〕

(4) She spends all her free time ☐ detective stories.

(to write / writing / written / being written) 〔摂南大〕

(5) Mike kept me ☐ for many hours last night.

(wait / to wait / waited / waiting) 〔名古屋学院大〕

(6) The Internet keeps us ☐ of world events.

(informed / inform / informing / information) 〔大阪学院大〕

(7) I need all the chairs ☐ to the office now.

(take / taken / to take / taking) 〔山梨大〕

(8) She lay on the bed with her ☐ , and soon fell asleep.

(arms folded / arms to hold / arms in hold / folding arms) 〔関西学院大〕

(9) Bob sat there a long time ☐ .

① before he heard his name called

② until he hears his name call

③ since he has heard his name calling

④ after his name has been called 〔高知大〕

(10) We often hear it ☐ that the Japanese are good workers.

(say / says / said / saying / has said) 〔四天王寺大〕

(11) The novel was so exciting that I never got ☐ from beginning to end.

(bore / bored / boring / to bore) 〔愛知工大〕

(12) The story I read in today's English class was really ☐ to me.

(interesting / interested / interest / being interested) 〔愛知大〕

(13) I'm really [   ] about the coming vacation. We're going to Hawaii!

(excitement / excite / exciting / excited)   〔亜細亜大〕

(14) When I return home from a long vacation, I always feel [   ] .

(relaxation / relaxed / to relax / relaxing)   〔同志社女子大〕

(15) Please remain [   ] until the bus stops completely.

(seat /seated / seating / to seat)   〔愛知工大〕

(16) He was told to remain [   ] all the way to go there.

(stand / standing / to stand / to have stood)   〔青山学院大〕

(17) The classroom was so noisy that the teacher couldn't make herself [   ] .

(hear / to hear / hearing / heard)   〔高知大〕

(18) It is always difficult to [   ] in a foreign language.

① make me understanding   ② make I understood

③ make myself understood   ④ make myself understanding   〔福岡大〕

(19) It is necessary to make the plan for the new factory [   ] to all the employees.

(to know / knowing / know / known)   〔摂南大〕

(20) She is planning to go [   ] Canada before she graduates from college next spring.

(skiing in / skiing to / to skiing in / to do skiing to)   〔同志社女子大〕

□ **2** 次の日本文の意味に最も適切な英文を 1 つ選びなさい。

(1) このパソコンは何度修理に出したかわからない。 1 年前に買ったばかりなのに。

I can't tell you [   ] , in spite of the fact that I got it only one year ago.

① how much I had repaired this computer

② whether I have repaired this computer or not

③ how many times I have got this computer to repair

④ how often I have had this computer repaired   〔関西学院大〕

(2) 新しい上司の仕事ぶりには, 全くがっかりだ。

① The way our new boss gets things done is quite disappointed.

② The way our new boss gets things done is quite disappointing.

③ The way our new boss gets things done is quite disappointment.

④ We are quite disappointing at the way our new boss gets things done.   〔国学院大〕

POINTS

① 過去分詞で始まる分詞構文と文のＳとの関係

② 頻出の注意すべき独立分詞構文，ねらわれる部分を集中攻撃

☐ **1** 次の各文の空所に入る最も適切なものを選びなさい。

(1) Romeo, ☐ that Juliet was dead, decided to kill himself.

(believes / believing / believed / to believe)　〔関西外国語大〕

(2) The hostess, ☐ at the end of the table, was all smiles.

(having seated / sat / seating / seated)　〔聖学院大〕

(3) ☐ that you have been living in Japan for 20 years now, you should speak the language well.

(Considerable / Considerate / Considered / Considering)　〔南山大〕

(4) All things ☐ , he is a fairly good husband.

(consider / to consider / considered / considering)　〔関西学院大〕

(5) This food, only ☐ for three minutes in the oven, is ready to eat.

(hot / being hot / heating / heated)　〔獨協大〕

(6) Generally ☐ , the climate of Kyushu is mild.

(talking / speaking / telling / judging)　〔九州東海大〕

(7) There ☐ no available information on the crime, the police asked mass media for cooperation.

(being / having / is / seems)　〔鹿児島大〕

(8) Few men are working in the factory, most of the work ☐ by robots.

(is to do / being done / is doing / having been doing)　〔東京電機大〕

(9) Elena, ☐ where she should look for the information, asked her colleagues where she could get it.

(as she knew / not knowing / not known / with knowing)　〔大妻女子大〕

(10) ☐ the terrible weather, I expected quite a few students to be late.

(Given / According to / Considered / Suggested by)　〔南山大〕

(11) ☐ in 1480, the castle worked at first as the symbol of the king's great power.

(Building / Built / Having built / To be built)　〔鹿児島大〕

(12) [_____] certain theories, experts say we will someday be able to read each other's thoughts!

(According with / Resulting of / Leading from / Based on) 〔南山大〕

(13) Weather [_____], we are going boating on Lake Biwa this weekend.

(being permitted / on permitting / permitting / to permit) 〔立命館大〕

(14) [_____], the simplest explanation is the best.

① Being other things equal   ② Being equal to other things

③ Other things being equal   ④ Other things equal being 〔聖学院大〕

(15) [_____] the movie before, Jane didn't want to go to the theater with us.

(Watched / Having watched / Being watched / Having been watched) 〔玉川大〕

(16) [_____] up in a small village, my husband is still having difficulty in adjusting himself to this fast-paced city.

① Bringing   ② Having been bringing

③ Having brought   ④ Having been brought 〔杏林大〕

(17) After seeing the movie, [_____].

① it made many people interested in reading the book

② the book made many people want to read it

③ the book was read by many people

④ many people wanted to read the book 〔中央学院大〕

(18) Such being [_____], I hope you will overlook his mistake.

(as it is / the case / as he / of importance / quite difficult) 〔早稲田大〕

□ **2** 次の各文の下線部で，誤りのある部分を指摘し，訂正しなさい。

(1) ①Seeing from the top ②of the hill, the cars ③looked like little ants ④moving very quickly.

〔神奈川大〕

(2) ①Comparing with the white people, the Maori had no immunity ②to European ③diseases, so their number dropped ④rapidly.

〔名古屋外国語大〕

POINTS

① ねらわれるのはココ！　原形不定詞が to 不定詞に変わる場合

② 時制の違いによる受動態のさまざまな形とその落とし穴の攻略法

1　次の各文の空所に入る最も適切なものを選びなさい。

(1)　I ☐ to clean my room by my mother yesterday.

(am telling / tell / told / was told)　〔共立女子大〕

(2)　He was seen ☐ the office.

(enter / entered / to enter / enter into)　〔青山学院大〕

(3)　I was made ☐ my name to the document against my will.

(to sign / sign / have signed / signing)　〔神奈川大〕

(4)　He was seen ☐ into a coffee shop with his friend.

(go / going / gone / went)　〔関西学院大〕

(5)　I ☐ at the door for a long time.

(kept waited / was keeping to wait / was kept to waiting / was kept waiting)　〔青山学院大〕

(6)　Today he ☐ throughout the world as a great scholar.

(knows / has known / is known / has been known)　〔高崎経済大〕

(7)　There is no possibility that the plan ☐.

(to accept / accepting / will be accepted / being accepted / have been accepted)　〔愛知工業大〕

(8)　Smoking ☐ in public places.

(had been restricting / has restricted / has been restricted / restricts)　〔東海大〕

(9)　When I got home, the mail ☐ delivered.

(die already been / had already been / was just been / were just been)　〔東海大〕

(10)　These days, new types of mobile phones are ☐ day by day.

(being developed / having developed / to develop / to have developed)　〔鹿児島大〕

(11)　By the end of this century, it is likely that the beaches of the world ☐ by illegally discarded industrial waste.

(are polluted / are being polluted / have been polluted / will have been polluted)　〔高知大〕

(12)　I've finished writing my application. Who am I ☐ to give it to?

(announced / applied / pointed / supposed)

(13)　I was caught ☐ a shower on my way home.

(on / at / up / in / to)

(14)　I'm sometimes spoken ☐ foreigners on the street.

(by / to / with / by with / to by)

(15)　Geography is the science that 　　　　 the earth and its climate, products and inhabitants.

　　　(concerns about / concerns with / is concerned with / is concerning)

(16)　I don't want to 　　　　 of the sad accident.

　　　(be called / be reminded / remember / recollect)　　　　　　　　　　〔東海大〕

(17)　Inflation is still 　　　　 very strongly among Japanese people.

　　　(be felt / being felt / feel / feeling / to feel)　　　　　　　　　　〔明治学院大〕

(18)　Louise is too proud 　　　　 in public without her make-up on.

　　　(to see / of seeing / to be seen / be seen)　　　　　　　　　　　　〔高知大〕

□　**2**　次の日本文に合うように（　）内の語（句）を正しく並べかえなさい。

(1)　内容に関する限り，きみの回答は申し分ない。

　　　Your reply leaves (desired / concerned / be / is / content / nothing / as far as / to).

　　　　　　　　　　　　　　　　　　　　　　　　　　　　　　　　　　　　〔西南学院大〕

　　　(　　　　　　　　　　　　　　　　　　　　　　　　　　　　　　　　　　　　)

(2)　バイオテクノロジーの有益性と危険性に，現代社会がどう対応していくかについてはまだわか
　　らない。

　　　It (be / how / modern / remains / seen / society / to) will cope with the benefits and risks
　　of biotechnology.　　　　　　　　　　　　　　　　　　　　　　　　　〔立命館大〕

　　　(　　　　　　　　　　　　　　　　　　　　　　　　　　　　　　　　　　　　)

(3)　和木氏は，彼の国で最も年老いたボクサーであると信じられているが，先月，彼の国の選手権
　　を防衛した。

　　　Mr. Wagi, who (be / the oldest / believed / was / to) boxer in his country, defended his
　　national championship last month.　　　　　　　　　　　　　　　　　〔昭和女子大－改〕

　　　(　　　　　　　　　　　　　　　　　　　　　　　　　　　　　　　　　　　　)

□　**3**　次の各文の下線部で，誤りのある部分を指摘し，訂正しなさい。

(1)　The ①thirty-year-old bridge needs to be ②repair, but the local government ③doesn't have
　　④enough money.　　　　　　　　　　　　　　　　　　　　　　　　　〔立命館大〕

(2)　English, which ①originated in the United Kingdom and is now ②consider the universal
　　language, is also ③spoken as the ④principal language in many countries.　〔関西外国語大〕

(3)　①Even though the place was empty, we were made ②wait several minutes ③for a table
　　since no one came ④to seat us.　　　　　　　　　　　　　　　　　　〔松山大〕

13 物主（無生物主語）構文・名詞構文

POINTS

① 入試必出の人主構文から物主構文への書きかえパターン
② 英語独特の物主構文で用いられる動詞とその表現について

☐ 1 次の各組の文が同じ内容になるように空所に１語入れなさい。

(1) {
If you sleep well, you will feel better.
A (　　　) sleep will (　　　) you feel better.
}

(2) {
After a few minutes' walk I came to the park.
A few minutes' walk (　　　) me to the park.
} 〔実践女子大〕

(3) {
I was surprised that he failed in business.
(　　　) (　　　) in business surprised me.
}

(4) {
He got very angry, for she refused his request.
Her (　　　) of his request (　　　) him very angry.
} 〔愛媛大〕

(5) {
I was so astonished that I could hardly speak.
(　　　) almost (　　　) me of my power of speech.
} 〔名古屋工業大〕

(6) {
She escaped the danger and I felt greatly relieved.
(　　　) my great (　　　), she escaped the danger.
}

(7) {
Why did you laugh at me?
What (　　　) you laugh at me?
} 〔東京家政学院大〕

(8) {
How did you come to this conclusion?
(　　　) led (　　　) to this conclusion?
} 〔中央大〕

(9) {
As he is rich, he can do anything.
His wealth (　　　) him to do anything.
} 〔中央大〕

(10) {
Because she worked hard, she succeeded in discovering radium.
Her hard work (　　　) her to the (　　　) of radium.
} 〔立命館大〕

☐ 2 次の各文の空所に入る最も適切なものを選びなさい。

(1) By the way, does anybody know what's become ☐ Jim?

(with / of / at / on) 〔川崎医科大〕

(2) What ☐ you to change your mind?

(made / had / let / caused) 〔沖縄国際大〕

(3) What has ☐ you here so late today?

(come / brought / caused / delivered) 〔明星大〕

(4) This street will ☐ you to the post office.

(go / have / make / take) 〔東北学院大〕

(5) It is only ☐ walk from my dormitory to the classroom.

(five minute a / a five-minute / five minute's / a five minutes)

(6) The teacher would often scold the boy, but it did not keep him ☐ stupid.

① from doing something ② not to do something

③ in doing nothing ④ to be doing nothing 〔名古屋工大〕

(7) The train was delayed ☐ a heavy snow.

(because / as / on account of / for the sake of) 〔川崎医療福祉大〕

□ **3** 次の日本文に合うように（　）内の語（句）を正しく並べかえなさい。

(1) コーヒーを飲みすぎたために，昨夜は眠れなかった。

(coffee / me / much / for / kept / too / awake) last night.

〔1語不要のものあり〕 〔愛知工業大〕

(　　　　　　　　　　　　　　　　　　　　　　　　　　)

(2) 言語は，人類が何世代にもわたって知識を継承し，技術を進歩させることを可能にしてくれるものだ。

Language is (humans / to / has / down / what / pass / enabled) knowledge over generations and advance our technology. 〔尾道大〕

(　　　　　　　　　　　　　　　　　　　　　　　　　　)

(3) この写真を見ると，いつもスイスへの一人旅のことを思い出す。

This (always / I / me / of / photograph / reminds / Switzerland / the / to / trip) took by myself. 〔青山学院大〕

(　　　　　　　　　　　　　　　　　　　　　　　　　　)

(4) にわか雨のせいで私たちは家に帰ることができなかった。

(from / prevented / home / the sudden shower / us / going). 〔九州国際大〕

(　　　　　　　　　　　　　　　　　　　　　　　　　　)

(5) 何できみがそんなに怒ったのかわからない。

I (so / don't / you / what / made / know) angry. 〔関東学院大〕

(　　　　　　　　　　　　　　　　　　　　　　　　　　)

(6) 少し反省すれば，あなたは私のことを誤解していることがわかるでしょう。

(reflection / show / little / will / a / you) that you have misunderstood me. 〔追手門学院大〕

(　　　　　　　　　　　　　　　　　　　　　　　　　　)

□ **1** 次の日本文と同じ意味になるように空所に適切な語を入れなさい。

(1) ジョンは大変努力したが，失敗した。

John made a great effort (　　　) to fail.　　　　　　　　　〔鹿児島大〕

(2) 私が子どものころに住んでいた家はどうなっているのだろう。

What has become (　　　　　) the house in which I lived in my childhood?　　〔福井工業大〕

□ **2** 次の各文の空所に入る最も適切なものを選びなさい。

(1) James doesn't want to eat anything, but I'll ☐☐☐ him to eat something.

(get / make / let / insist)　　　　　　　　　　　　　　　　〔明治大〕

(2) I could not make myself ☐☐☐ in French.

(to be understood / have understood / to understand / understood)　　〔東海大〕

(3) My wife ☐☐☐ my career as an engineer and do what really interested me.

　① advised me for leaving　　　　② encouraged me to leave

　③ recommended me my leaving　　④ wanted to leave　　〔中央大〕

(4) A: Everything ☐☐☐, Jane did a good job.

　 B: I agree.

(consider / considered / considering / considers)　　　　　〔共立女子大〕

(5) All you have to do is ☐☐☐ the dishes in the kitchen.

(for washing / to be washed / wash / washing)　　　　　　〔京都産業大〕

(6) It remains ☐☐☐ whether the economic stimulus package will make a significant impact on the economy.

(seeing / seen / to seen / to be seen)　　　　　　　　　　〔青山学院大〕

(7) It was stupid ☐☐☐ you to believe him.

(in / of / on / with)　　　　　　　　　　　　　　　　　　〔福岡大〕

(8) Kristen wasn't able to get her check ☐☐☐ because the bank was closed.

(cash / cashed / cashing / cashes)　　　　　　　　　　　　〔札幌大〕

(9) The trainer ☐☐☐ the elephant enter the cage by beating it with a stick.

(got / let / made / forced)　　　　　　　　　　　　　　　〔高知大〕

(10) You remind me very much ☐☐☐ someone I used to know a long time ago. You are really like her in many ways.

(in / of / upon / with)　　　　　　　　　　　　　　　　　〔城西大〕

(11)　This room really ☐ cleaning.

　　(is needed / to be need / needs / needed to)　　　　　〔山梨大〕

(12)　Antibiotics would be of no harm but irrelevant for the patient as ☐ as his condition is concerned.

　　(long / soon / well / far)　　　　　〔杏林大〕

(13)　☐ from here, the cars look like small matchboxes.

　　(Seeing / Seen / Having seen / To see)　　　　　〔名城大〕

☐ **3**　次の各文の下線部で, 誤りのある部分を指摘し, 訂正しなさい。英文のあとに NO ERROR のマークがある問題は,「誤りがない場合」に, そのマークを選ぶこと。

(1)　To my ①relief, the children ②looked ③exciting about ④opening their presents.　〔関西外国語大〕

(2)　Every year ①the children on the island look forward ②to the circus ③to come ④to town.

　　　　　〔関西学院大〕

(3)　①Comparing ②with other cities in America, New York is ③a very expensive place to rent ④a place to stay.　　　　　〔明海大〕

(4)　I have been told ①over and over by ②any number of people that no one plays chess ③as well as Mike does, which is ④surprised when you consider that he is only ten. ⑤NO ERROR

　　　　　〔早稲田大〕

☐ **4**　次の日本文に合うように( )内の語を正しく並べかえなさい。

(1)　人が必死になっているときには何をしでかすかわからない。

　　There (telling / people / is / do / when / what / might / no) they are desperate.　〔中央大〕

　　(　　　　　　　　　　　　　　　　　　　　　　　　　　　　)

(2)　自分自身の考えていることをありのまま理解してもらうことは難しいでしょう。

　　You'll find it difficult to (as / have / own / thoughts / understood / your) they are.　〔日本大〕

　　(　　　　　　　　　　　　　　　　　　　　　　　　　　　　)

(3)　携帯電話のおかげで, 親は子どもたちといつでもどこでも連絡がとれるようになった。

　　Cell phones enabled parents (　　　) (　　　) (　　　) their children (　　　) (　　　) (　　　) and any place.

　　(time / to / any / communicate / at / with)　　　　　〔東京国際大〕

　　(　　　　　　　　　　　　　　　　　　　　　　　　　　　　)

POINTS

① 関係代名詞の文中での役割
② 関係代名詞と関係副詞の働きの違い

☐ **1** 次の各文の空所に入る最も適切なものを選びなさい。

(1) ☐ seems easy at first often turns out to be difficult.

(What / When / It / How) 〔沖縄国際大〕

(2) Your story isn't consistent with ☐ I've heard before.

(how / what / which / who) 〔立命館大〕

(3) ☐ the situation was quite serious was clear to all of them.

(What / Whenever / Therefore / That) 〔西南学院大〕

(4) ☐ I was talking about concerned everyone in the room.

(What / Which / That / Such) 〔拓殖大〕

(5) There are many cases ☐ students don't trust their teachers.

(which / where / what / whose) 〔桃山学院大〕

(6) Time will come sooner or later ☐ you will be sorry for what you've done.

(that / what / how / when)

(7) This is ☐ we can become acquainted with one another.

(that / which / how / who) 〔北海学園大〕

(8) We have a lot of holidays during the week from the end of April to the beginning of May.
☐ we call it "Golden Week."

(That's why / That's because / It is the reason for / It is what) 〔流通科学大〕

(9) ☐ last weekend had a spa of its own.

(The log house at we stayed / The log house that we stayed / The log house we stayed / The log house we stayed at) 〔大妻女子大〕

(10) The town where I live now is very different from ☐ it was ten years ago.

(that / which / where / what) 〔愛知大〕

(11) I owe ☐ I am to my mother.

(it / that / what / in) 〔九州国際大〕

(12) Mr. Smith is ☐ a self-made man.

(who is said / who is called / what is called / that is spoken) 〔日本工業大〕

(13) Reading is to the mind ☐ food is to the body.

(that / if / which / what) 〔和光大〕

(14) He mentioned a book, [____] I can't remember.
① which title ② with title of which
③ the title of which ④ in which the title 〔福岡大〕

(15) The hotel [____] the conference was held is near the city hall.
(which / where / in that / in it) 〔札幌大〕

(16) The artist [____] works made the greatest impression on me was Monet.
(who / whose / which / whom) 〔東京家政大〕

(17) All is not gold [____] glitters.
(where / that / who / what) 〔東海大〕

□ **2** 次の英文の空所に共通して入る語を下から1つ選びなさい。

(1)(a) It is not only a legal question [____] a moral one.

(b) There is no rule [____] has some exceptions.
(about / but / that / which) 〔専修大〕

(2)(a) The boy wants everything [____] catches his eye.

(b) Now [____] I have got well, I can go to school.
(by / that / to / which)

□ **3** 次の日本文に合うように( )内の語(句)を正しく並べかえなさい。

(1) 私たちにできることは事態がどのように進展してゆくかを見守るだけです。
(all / things / we / how / out / and / will / can / is / turn / see / wait / do). 〔玉川大〕
( )

(2) 最も重要なのは，きみが最善を尽くすかどうかだ。
What (do / the most / whether / you / matters / is) your best or not. 〔九州国際大〕
( )

(3) ジェーンは，皆がメアリーのボーイフレンドだと思っていた男と結婚した。
Jane married (thought / Mary's boyfriend / was / a man / everybody / whom / to be).
〔1つ不要のものあり〕 〔愛知工業大〕
( )

(4) きみが彼の助言を無視すべきだと言う理由について説明を聞きたい。
I want to hear an explanation (as / why / ignoring / you / insist / to / his advice).
〔1語不足〕 〔西南学院大〕
( )

POINTS

① 入試必出の関係詞を使った慣用表現の攻略
② 複合関係詞の文中での役割と見すごしやすい落とし穴について

☐ **1** 次の各文の空所に入る最も適切なものを選びなさい。

(1) This is the department store _____ his grandfather founded fifty years ago.
(which / where / what / whose)　　　　　　　　　　　　　　〔国士舘大〕

(2) The woman _____ I thought was her mother turned out to be a total stranger.
(who / whose / about whom / whomever)　　　　　　　　　〔立命館大〕

(3) I gave the poor woman _____ little money I had.
(how / that / what / whose)　　　　　　　　　　　　　　　〔近畿大〕

(4) _____ wishes to join our party will be welcome.
(One / All that / Whoever / Everybody)　　　　　　　　　　〔大正大〕

(5) My aunt always gives a hand to _____ needs help.
(whichever / whatever / whomever / whoever)　　　　　　　〔幾央大〕

(6) Please don't pull out the dead flowers. Just leave them _____ they are.
(when / the reason / the way / the moment)　　　　　　　　〔玉川大〕

(7) Soldiers should fight bravely to the bitter end, _____ hard it seems.
(no matter what / so / however / as)　　　　　　　　　　　〔国士舘大〕

(8) She looks pretty _____ she wears.
(no matter whatever / no matter how / no matter what / no matter whichever)　　〔龍谷大〕

(9) She threw glances at him _____ could have killed a buffalo.
(she / then / which / who)　　　　　　　　　　　　　　　〔明治学院大〕

(10) She said she had seen the group SMAP in Kyoto, _____ was true.
(but / it / which / where)　　　　　　　　　　　　　　　〔同志社女子大〕

(11) She writes in a colloquial style, _____ why I like reading her novels.
(who is / that is / which is / and which is)　　　　　　　　〔山梨大〕

(12) She gave me two books, neither of _____ I've read.
(those / them / which / what / whom)

(13)　Barbara was absent from school, ☐ was often the case.

　　（as / so / such / than / that）　　　　　　　　　　　　　　　〔東京医科大〕

(14)　☐ final exams, three essays to write, and club meetings, I will have no time to enjoy myself for the next couple of weeks.

　　（What about / How about / What with / Whatever）　　　　　　〔杏林大〕

(15)　I might pass the test, ☐ case I will treat myself to a movie with friends.

　　（by that / for that / in each / in which）　　　　　　　　　　　〔慶應義塾大〕

□　**2**　次の各組の文が同じ内容になるように空所に1語入れなさい。

(1)　{ What（　　　）worse, he has been ill in bed.
　　{ （　　　）make matters worse, he has been ill in bed.　　　　〔吉備国際大〕

(2)　{ （　　　）you go, you'll find no place like home.
　　{ No（　　　）where you go, you'll find no place like home.　　〔静岡県立大〕

(3)　{ I'll follow whatever advice she gives me.
　　{ I'll follow（　　　）advice that she gives me.

□　**3**　次の日本文と同じ意味になるように空所に適切な語を入れなさい。

(1)　きみの役に立つような本だけを読むようにしなさい。

　　Try to read only such books（　　　）will help you.

(2)　人間の価値は，財産よりもむしろ人格にある。

　　A man's worth lies not so much in what he（　　　）as in what he（　　　）.

□　**4**　次の各文の下線部で，誤りのある部分を指摘し，訂正しなさい。

(1)　Nancy, ①that speaks English and French, sometimes ②works as a tour guide ③for people ④visiting Tokyo.　　　　　　　　　　　　　　　　　　　　　　　　〔慶應義塾大〕

(2)　Rome is one of the places ①where I look forward to visiting ②during this ③seven-day trip ④to Europe.　　　　　　　　　　　　　　　　　　　　　　　　〔名古屋外国語大〕

16 接続詞

解答▶別冊P.27

POINTS

① 「目的」を表す必出構文の攻略

② 慣用表現になっている接続詞を用いた構文とその出題されるポイントについて

□ **1** 次の各文の空所に入る最も適切なものを選びなさい。

(1) I took it ☐ that you fixed the problem.

(for granted / for granting / to being granted / to be granting) 〔桜美林大〕

(2) You can borrow three books ☐ condition that you bring them back within a week.

(at / with / by / on / for) 〔神田外語大〕

(3) ☐ we were going out, it started to rain.

(In case / Unless / As long as / Just as) 〔札幌大〕

(4) He closed the door ☐ the dog would not walk out of the room.

(so that / so as to / in order to / for the purpose of) 〔東邦大〕

(5) I did not call on him yesterday for ☐ I might disturb him.

(care / trouble / anxiety / fear) 〔北海学園大〕

(6) Cookbooks by famous chefs are often on best-seller lists, ☐ at the top.

(as if / if any / if not / but if) 〔同志社女子大〕

(7) A book is not always a good book ☐ it is written by a famous writer.

(because / but / unless / that) 〔東北薬科大〕

(8) Pregnant women are advised not to get X-rayed ☐ it is absolutely necessary.

(unless / although / lest / for fear) 〔東邦大〕

(9) We are surprised at the fact ☐ women are not allowed to drive in Saudi Arabia.

(of / that / whether / which) 〔広島工業大〕

(10) Leave things ☐ .

(as there is / as it is / as will be / as they are) 〔北陸大〕

(11) You can wear my jacket ☐ you don't spill anything on it.

(as long as / unless / even though / in that) 〔福岡大〕

(12) We will be able to accept your offer ☐ that you assure us that the agreed price will stay unchanged.

(decided / proposed / provided / suggested) 〔学習院大〕

(13) Late ☐ it was, they set out for the destination.

(when / so / how / as) 〔中央大〕

(14) ☐ that you are a college student, you ought to know better.

(After / In order / Now / So) 〔玉川大〕

(15) The name of Nikola Tesla is surprisingly little known, ☐ it was his genius which brought us wireless communication.

(according to / because / even though / in spite of)   〔甲南大〕

□ **2**　次の日本文と同じ意味になるように空所に適切な語を入れなさい。

(1)　私の知る限り彼は外国へ行ったことはない。

As (　　　)(　　　) I know he has never been abroad.   〔福井工業大〕

(2)　それはとてもおもしろい本だったので，彼は徹夜でそれを読んだ。

It was (　　　)(　　　) interesting book that he sat up all night reading it.   〔吉備国際大〕

□ **3**　次の日本文に合うように(　)内の語(句)を正しく並べかえなさい。

(1)　必ず寝る前に窓は閉めるようにしなさい。

Make (are / before / go / shut / sure / the windows / you) to bed.   〔立命館大〕

(　　　　　　　　　　　　　　　　　　　　　　　　　　　)

(2)　携帯電話に接続してインターネットにアクセスできるという点で，このコンピュータはあちらのものより優れています。

This computer is (can be / to that one / it / in that / superior / connected to) a cell phone and thus access the Internet.   〔愛知工大〕

(　　　　　　　　　　　　　　　　　　　　　　　　　　　)

□ **4**　次の各文の下線部で，誤りのある部分を指摘し，訂正しなさい。英文のあとに **NO ERROR** のマークがある問題は，「誤りがない場合」に，そのマークを選ぶこと。

(1)　The dancer's ①feet move ②very rapidly that our eyes can ③hardly follow ④their movements.   〔立命館大〕

(2)　①Regardless of ②whether you are a citizen ③or else, you ④can receive free medical care.   〔立命館大〕

(3)　Please ①see it that there are ②thirty or so copies of the report, ③so that we can give one to ④each and every reporter who attends the president's press conference tomorrow afternoon. ⑤NO ERROR   〔早稲田大〕

17 名詞・冠詞

POINTS

① 可算名詞と不可算名詞の区別と，いつも入試に出る不可算名詞について
② 最近，入試での出題が増加中の限定詞の必要性について

□ **1** 次の日本文と同じ意味になるように空所に適切な語を入れなさい。

(1) きのうはどこにいたの。一日中きみに連絡をとろうとしていたんだ。

Where were you yesterday? I was trying to get in (　　　) (　　　) you all day. 〔福島大〕

(2) 早起きは三文の得。《ことわざ》

The early (　　　) catches the worm. 〔愛媛大〕

(3) 「家族も一緒に連れてきていいですか。」「ええ，ぜひどうぞ。」

"May I bring my family along?" "Yes, by all (　　　)." 〔成蹊大〕

(4) 息子さんたちの好きなようにさせてはいかがですか。

Why don't you let your sons have their (　　　) (　　　)? 〔福島大〕

(5) トムが美紀を好きかどうかは問題ではない。

It makes no (　　　) whether Tom likes Miki or not. 〔高知大〕

(6) 彼らは紹介されるとすぐにお互い握手をした。

They shook (　　　) with each other (　　　) moment they were introduced. 〔吉備国際大〕

(7) 彼女は危うく倒れるところだったが，私は彼女の腕をつかんだ。

She nearly fell and I caught her (　　　) (　　　) arm. 〔奈良大〕

(8) 彼女の作品には，たくさんの改良の余地がある。

There (　　　) plenty of room for improvement in her work.

□ **2** 次の各文の空所に入る最も適切なものを選びなさい。

(1) After a hard argument we weren't on speaking ☐.

(friends / moods / connections / terms / circles) 〔甲南大〕

(2) Since his explanation was clear-cut and to ☐, there is nothing more to add.

(the center / the point / the mark / the core) 〔上智大〕

(3) In this age of information, it is vital to get ☐ to the latest news around the world.

(access / approach / hold / knowledge) 〔慶應義塾大〕

(4) We had ☐ at Sarah's party.

(a lot of fun / a lot of funs / many a fun / many funs) 〔創価大〕

(5) "I got some advice from the director."

"Did [____] help you?"

(a few of it / many of it / each of it / any of it)　〔関西外国語大〕

(6) Be sure to make [____] before you call on someone.

(an appointment / an agreement / a promise)　〔福井工業大〕

(7) The young woman had to pay a heavy [____] for drunken driving.

(fee / fine / responsibility / ticket / visit)　〔武蔵大〕

(8) The wages for that job are paid by [____].

(hour / an hour / the hour / the hours)　〔追手門学院大〕

(9) Most people work five days [____] week.

(a / in / of / the)　〔武庫川女子大〕

(10) He refused to look me in [____].

(the face / a face / his face / face)　〔広島工業大〕

(11) How much is your bus [____] home?

(fare / fee / bill / tuition)　〔福島大〕

□ **3** 次の各文の下線部で，誤りのある部分を指摘し，訂正しなさい。英文のあとに NO ERROR のマークがある問題は，「誤りがない場合」に，そのマークを選ぶこと。

(1) Read the ①instructions, give ②all informations ③requested, and cut along the dotted line with ④scissors.　〔早稲田大〕

(2) ①Most of students seemed to ②have understood ③how fortunate they were ④to be living in a peaceful country.　〔早稲田大〕

(3) We had ①a fine weather ②the day before yesterday, but since then ③it has been ④much cooler.　〔成蹊大〕

(4) We walked ①so long way ②that my feet ③started to hurt me and I ④ended up with blisters.　〔慶應義塾大〕

(5) ①In that the weather is very changeable these days, it might not be ②such good idea to hold the class picnic on the ③coming weekend or even the following ④one. ⑤NO ERROR　〔早稲田大〕

(6) It was ①so nice weather ②that we were ③able to ④go swimming.

18 代名詞

解答▶別冊P.30

📝 POINTS

① 名詞の繰り返しを避けるための代名詞の用法

② ひっかかるのはいつもココ！ What と How の使い分けとその攻略法について

☐ **1** 次の各文の空所に入る最も適切なものを選びなさい。

(1) It is one thing to own a library; it is quite ☐ to use it wisely.

(the other / other / the same / another) 〔愛知工業大〕

(2) There are two university students in our book club. One is majoring in English literature, and ☐ is majoring in Chinese literature.

(another / other / the other / others) 〔愛知大〕

(3) Of their four children, one is in Japan and ☐ are abroad.

(another / others / the other / the others) 〔藤女子大〕

(4) The social system of bumblebees is not as complex ☐ .

① than honeybees　　　② as honeybees

③ that honeybees are　④ as that of honeybees 〔札幌大〕

(5) The interests of the committee members are not necessarily the same as ☐ of the citizens.

(one / that / those / such) 〔関東学院大〕

(6) Some people find ☐ difficult to economize on mobile phone costs even when times are hard.

(everything / it / that / things)

(7) Jimmy's lecture made a great impression on all ☐ present.

(that / who / those / whoever) 〔高知大〕

(8) ☐ we could do was to wait till he came back.

(All / That / Which / Every) 〔日本福祉大〕

(9) I want something to read; ☐ as long as it is interesting.

(anything will do / everything will do / nothing will do / something will do) 〔京都産業大〕

(10) What are you staring at a fellow like that ☐ ?

(for / by / to / with) 〔玉川大〕

(11) ☐ was given to me by my grandfather ten years ago.

① This old watch of me　　② This my old watch

③ My old watch of this　　④ This old watch of mine 〔名城大〕

(12) Satomi is kindness ☐ to me.

(oneself / itself / herself / myself)

(13) This computer is too old to run the software. I must get a newer ⬚ .

(that / one / other / any)   〔国士舘大〕

(14) Some were for the proposal, ⬚ were against it, and the rest didn't express their

opinions.

(other / others / the other / the others)   〔山梨大〕

(15) ⬚ my shoes?

(How are you liking / How do you like / What are you thinking / What do you think)

〔千葉商科大〕

(16) ⬚ do you think she tamed this tiger?

(How / What / Which / Who)   〔同志社大〕

(17) ⬚ do you think of our government's attitude toward environmental problems?

(Why / What if / What / How)   〔同志社大〕

(18) John isn't a bad boy. If ⬚ , he's a pretty good one.

(anybody / anything / nobody / nothing)   〔専修大〕

(19) It ⬚ to me that I had met that American professor at an international conference last

year.

(reminded / occurred / occupied / happened)   〔工学院大〕

(20) He always gets excited when he talks about disease. Is he ⬚ of a doctor?

(something / nothing / anything / a little)   〔杏林大〕

(21) He saw a jacket which he liked in the shop. So, he went in and ⬚ to see if it would fit

him.

(tried on it / tries to wear / tried it on / put on it)   〔城西大〕

□ **2**   次の日本文と同じ意味になるように空所に適切な語を入れなさい。

(1) 夏の北海道はどんなふうですか。

What's Hokkaido (   ) in summer?

(2) 私は費用は言うまでもなく，時間も余裕がない。

I cannot afford the time, to say (   ) of the expenses.

(3) この帽子は小さすぎます。別のを見せて下さい。

This cap is too small. Show me (   ).   〔和光大〕

19 仮定法 ①

POINTS

① 動詞の形で見分ける仮定法過去と仮定法過去完了の違い

② いくつもの書きかえが可能な, 入試必出の仮定法独特の表現

☐ **1** 次の各文の空所に入る最も適切なものを選びなさい。

(1) If it ☐ not for your help, I would never succeed in finishing this paper.

(is / have / were / had) 〔追手門学院大〕

(2) If Americans ate fewer foods with sugar and salt, their general health ☐ better.

(be / is / will be / would be) 〔愛知大〕

(3) ☐ tomorrow, our soccer game will be called off.

① If it will rain ② Unless it rains

③ Whether it rains ④ In case it rains 〔高知大〕

(4) If I had known that the bus was going to be late, I ☐ home later.

(had left / would have left / should be leaving / am going to leave) 〔岩手医科大〕

(5) I would have bought something Japanese for you if I ☐ that before.

(had heard / will hear / hear / did hear) 〔九州国際大〕

(6) If I had taken your advice then, I ☐ happier now.

(am / can be / would be / might have been) 〔東京経済大〕

(7) I wish you ☐ a little longer.

(are staying / could stay / stay / will stay) 〔目白大〕

(8) Kenji told me his trip to London was wonderful. I wish I ☐ in that program.

(had participated / have participated / participate / will participate)

(9) Although he knows nothing about chemistry, he speaks ☐ .

(as if he did / as well as he did / even if he did / if he did) 〔京都産業大〕

(10) ☐ a little more wisdom, you would be sure to succeed.

(With / Without / But for / Not withstanding) 〔青山学院大〕

(11) If only I ☐ to meet Paul, I could have given him the important message about the meeting.

(could / had been able / were able / would like) 〔近畿大〕

(12) If you [____] have any other questions, please do not hesitate to contact us.

(should / will / could / must)

〔学習院女子大〕

(13) If the sun [____] to rise in the west, I would not change my mind.

(is / were / are / be)

〔大阪産業大〕

(14) [____] Sarah sing, you would have thought that she was a professional singer.

(Have heard / Hear / Heard / To hear)

〔愛知学院大〕

☐ **2** 次の上下の文の意味が同意になるように空所に入る最も適切なものを1つ選びなさい。

{ I would have been in real trouble if it hadn't been for your support.

[____] your support, I would have been in real trouble.

① Because of ② With ③ Instead of ④ But for

〔駒澤大〕

☐ **3** 次の各組の文が同じ内容になるように空所に1語入れなさい。

(1) { She is, so to speak, a grown-up baby.

She is, as ( ) ( ), a grown-up baby.

(2) { Thanks to water, every living thing can exist.

( ) water, no living thing could exist.

( ) for water, no living thing could exist.

( ) ( ) ( ) ( ) for water, no living thing could exist.

☐ **4** 次の日本文に合うように( )内の語を正しく並べかえなさい。

(1) 彼女は何事もなかったかのように着席した。

(as / happened / she / her / if / had / nothing / seat / took).

〔獨協医科大〕

( )

(2) 月曜までにメールをいただけるとありがたいのですが。

I (would / appreciate / if / could / you / it) send me an e-mail by Monday.

〔関東学院大〕

( )

20 仮定法 ②

✏ **POINTS**

① If のない「倒置」による仮定法を徹底攻略！

② 頻出の「提案・要求・命令など」を表す仮定法現在の that 節内の動詞

□ **1** 次の各文の空所に入る最も適切なものを選びなさい。

(1) [   ] you notice any suspicious bags, please inform the conductor.

(Could / Might / Should / Would)   〔青山学院大〕

(2) [   ] you asked me what was going on, I would have told you the whole story.

(If / Had / Having / Supposing)   〔中央大〕

(3) The musicians were dressed so casually that people wouldn't have known them from the audience [   ] holding instruments.

① had they not been   ② not had they been

③ they had been not   ④ they had not been   〔中央大〕

(4) I do not know how I would relieve my stress, [   ] for music.

(other than / unless / were it not / without)   〔近畿大〕

(5) Makoto was very tired last night. Otherwise, he [   ] to see the movie.

(will go / have gone / will have gone / would have gone)   〔東京電機大〕

(6) Ichiro asked, "May I smoke here?" Atsuko answered, "I'd rather [   ]."

(you didn't / you won't / you not to / for you not to)   〔慶應義塾大〕

(7) [   ] I to tell you all the story of my life, one week would not be enough.

(Am / Are / Have / Were)   〔明治学院大〕

(8) [   ], he couldn't open the door.

(Though he might try hard / Try as he might / However he might try had / Even though he may try hard)   〔立命館大〕

(9) [   ] it ever so humble, there's no place like home.

(Whether / Whenever / If / Be)   〔福岡大〕

(10) Mary suggested [   ] to her party.

(for him to come / that he come / that he comes / that he will come) 〔藤女子大〕

(11) My doctor recommended that I ☐ within a few days.
   ① will go on a diet   ② am going on a diet
   ③ have gone on a diet   ④ go on a diet   〔福岡大〕

(12) The university requires that every student in the English Department ☐ in English.
   (to write essays / will write essays / write essays / writes essays)   〔日本女子大〕

(13) He made a suggestion that the workers ☐ in the cafeteria.
   (to smoke only / smoke only / only to smoke / must to smoke)   〔拓殖大〕

(14) I wish I ☐ to Germany to see a soccer game at the World Cup last year.
   (could go / would go / could have gone / must have gone)   〔大阪学院大〕

(15) Don't you think it's time we ☐ something different for Sunday dinner?
   (are having / had / have / will have / would have)   〔東京医科大〕

(16) The patient was said to be out of danger, but ☐ the worst should happen?
   (how about / how does / what if / what of)   〔立命館大〕

(17) I was ☐ that I should see a doctor.
   (recommended / suggested / said / told)   〔神奈川大〕

□ **2**   次の日本文に合うように( )内の語(句)を正しく並べかえなさい。

(1) もう少し早く来ていたら，きみはそのシーンを見ることができただろうに。
   (seen / scene / a little / have / the / you / could / earlier / and / ,).
   (   )

(2) その工場の労働者達は賃上げを要求している。
   The workers at the factory (are / be / demanding / raised / that / their / wages).   〔立命館大〕
   (   )

(3) あなたの助けなしには，私はこのプロジェクトを遂げることができませんでした。
   Had (your / for / it / been / help / not), I could not have accomplished this project.
                                                                            〔関西学院大〕

   (   )

□ **1** 次の各文の空所に入る最も適切なものを選びなさい。

(1)　If I ☐ going to give him a present, I would tell you in advance.

(am / is / be / were)　〔山梨大〕

(2)　☐ students in this university aspire to study abroad.

(Almost / Almost any / Many of the / Most of)　〔玉川大〕

(3)　It was you who suggested ☐ him the truth.

(me that I should tell / me that I tell / that I tell / for me to tell)　〔青山学院大〕

(4)　He is a fine artist, ☐ a great one.

(only if / not to speak / if not / for example)　〔東京電機大〕

(5)　There are two roses in the vase.　One is a white rose and ☐ is scarlet.

(another / the other / some / the others)　〔亜細亜大〕

(6)　☐ you wish to know more about our courses, please feel free to contact us.

(Could / May / Should / Would)　〔関西学院大〕

(7)　The cook was ☐ that we didn't like to complain about the meal.

(so a nice man / so nice a man / very nice a man / such nice a man)　〔関西学院大〕

(8)　Some batteries of the 1990s were better than ☐ of today.

(them / these / those / others)　〔広島工業大〕

(9)　Slow down a bit.　Otherwise, you'll have to pay a huge ☐ for speeding.

(admission / charge / fine / tuition)　〔立命館大〕

(10)　If ☐ I could run as fast as you !

(merely / not / only / so be)　〔関西学院大〕

(11)　☐ students need to know is written in the school handbook.

(Which / When / Whose / What)　〔札幌大〕

(12)　Yesterday John had lunch with Mary in a restaurant ☐ was recommended by their friend.

(at which / in which / where / which)　〔武庫川女子大〕

(13)　Someone hit me on ☐ head.

(a / an / the / his)　〔四天王寺大〕

(14)　I will lend this book to ☐ wants to read it.

(whatever / which / whoever / whom)　〔実践女子大〕

(15)　The weather in Tokyo is warmer than ☐ in Sapporo.

(that / the one / it / of)　〔岩手医科大〕

(16)　☐ did Tom go to Hokkaido for ?

(How / What / When / Where)　〔南山大〕

(17) Everybody takes it for granted ☐ the Prime Minister will attend the ceremony.
　(if / that / when / whether) 〔学習院大〕

(18) It never even ☐ to us that he hadn't been invited.
　(happened / occurred / struck / thought) 〔実践女子大〕

□ **2** 次の各文の下線部で，誤りのある部分を指摘し，訂正しなさい。

(1) If the new ①safety system ②had been ③in use, that tragic accident ④would never happened. 〔学習院大〕

(2) He gave me a lot of ①advices ②on how to adjust the ③settings on my computer to make ④it more user-friendly. 〔学習院大〕

(3) ①We do not seem ②able to survive ③as human beings ④unless we do not live ⑤in close cooperation with ⑥one another. 〔日本女子大〕

(4) ①Even I have time ②to go to the U.S., I don't have ③enough money ④to travel around. 〔早稲田大〕

(5) It is high time you ①start to prepare ②for your ③qualifying examination to get a job ④in a bank. 〔名古屋外国語大〕

□ **3** 日本文に合うように（　）内の語(句)を正しく並べかえなさい。

(1) その結果を知っていたなら，彼はそんなことはしなかっただろう。
　He (have / it / he / if / known / done / had / wouldn't) the consequences.
　(　　　　　　　　　　　　　　　　　　　　　　　　)

(2) 旅行から戻ってくるものとてっきり思っていました。
　I took (for / granted / have / it / must / that / you) returned from your trip. 〔立命館大〕
　(　　　　　　　　　　　　　　　　　　　　　　　　)

(3) トムにもっと早く職場を出るように言ってくださるだけでいいのです。
　All (do / have to / leave / tell / to / Tom / is / you) work sooner. 〔龍谷大〕
　(　　　　　　　　　　　　　　　　　　　　　　　　)

21 形容詞・副詞

POINTS

① 数詞との結合による形容詞（another, more）の語順

② もうひっかからない！　副詞が名詞を修飾できないことについての徹底解明

1 次の各文の空所に入る最も適切なものを選びなさい。

(1) She has to study _____ three years before she graduates.

(more / much / other / another) 〔川崎医科大〕

(2) We have to wait for _____ .

(more two days / two another days / two more days / two other days) 〔東北学院大〕

(3) Every _____ night I'm a janitor in the library.

(all / other / another / either) 〔東京薬科大〕

(4) Is there any way I can be _____ help to you?

(beside / in / of / with) 〔立命館大〕

(5) Come on Tuesday or Wednesday. _____ day is OK.

(Both / All / Either / Neither) 〔関西外国語大〕

(6) It was so cold today that _____ anybody went swimming.

(all / almost / hardly / most / among) 〔神田外語大〕

(7) I would feel scared to drive in this _____ traffic.

(constant / heavy / smooth / frequent) 〔川崎医科大〕

(8) _____ do you think the population of Osaka is?

(How / How many / How large / How much) 〔大阪学院大〕

(9) This new sports car is _____ reaching speeds of 140 miles per hour.

(capable to / capable of / able to / able of) 〔南山大〕

(10) They are so _____ that it is difficult to tell which is which.

(alike / likely / nearly / same / like) 〔神田外語大〕

(11) Prices in Japan are very _____ .

(high / expensive / cheap / costly) 〔高千穂商科大〕

(12) How _____ do you think John will come back?

(long / many / much / soon) 〔東北学院大〕

(13) The participants in the sports event were _____ teenagers since it was held in the summer holidays.

(almost / almost all / nearly almost / almost of the) 〔名古屋工大〕

(14) I'm surprised that you went there. _____ don't visit that part of town.

(Most of tourists / Most the tourists / Most tourists / The most tourists) 〔慶應義塾大〕

□ 2 次の文の下線部と同意のものを１つ選びなさい。

(1) The event was <u>of significance</u> to us all.
   (important / dramatic / surprising / delightful) 〔中村学園大〕

(2) It is <u>inevitable</u> that smoking will damage your health.
   (uncertain / unavoidable / unthinkable / unnecessary) 〔上智大〕

□ 3 次の文の空所に入れるのに適切なものを<u>あるだけ</u>選びなさい。

I'm going ☐ right away.

(next door / downtown / over there / upstairs / my parents' home)

□ 4 次の各文の下線部で，誤りのある部分を指摘し，訂正しなさい。英文のあとに NO ERROR のマークがある問題は，「誤りがない場合」に，そのマークを選ぶこと。

(1) It is ①<u>the reflection of light</u> from ②<u>all these surfaces</u> that makes snow ③<u>look</u> ④<u>whitely</u>. 〔横浜商科大〕

(2) So far, ①<u>almost</u> the money ②<u>loaned to</u> people with low incomes ③<u>has been</u> repaid ④<u>in full</u>. 〔立命館大〕

(3) Climate change is ①<u>like</u> to affect millions of people, particularly ②<u>those</u> with a low capacity to adapt, through ③<u>increases</u> in malnutrition and ④<u>consequent</u> disorders. 〔立命館大〕

(4) The twins are so ①<u>much like</u> that people find ②<u>it</u> very difficult to know ③<u>one from</u> ④<u>the other</u>. 〔明治学院大〕

(5) You ①<u>should never</u> make the mistake of ②<u>underestimating</u> the ability of ③<u>young</u> to be creative and original ④<u>in matters of culture</u>. ⑤<u>NO ERROR</u> 〔早稲田大〕

(6) ①<u>For the young mother</u>, ②<u>the thought of leaving</u> ③<u>her 5-years-old</u> son in her hometown was ④<u>unbearable</u>. 〔国士舘大〕

(7) I will not be ①<u>convenient</u> ②<u>for the meeting</u> ③<u>on Friday</u> ④<u>regarding</u> the construction project. ⑤<u>NO ERROR</u> 〔早稲田大〕

22 前置詞

解答▶別冊P.37

POINTS

① イディオム(熟語)とのからみ合いになっている要注意な前置詞

② 同意表現が何通りもある入試頻出の前置詞(句)

☐ **1** 次の各文の空所に入る最も適切なものを選びなさい。

(1) The lecture will begin ☐ five minutes.

(around / at / in / after) 〔電気通信大〕

(2) It was rather warm ☐ January yesterday.

(as / in / from / for) 〔城西大〕

(3) John Haiman, a world-famous musician, was born ☐ September 10,1957, in London, England.

(in / on / at / for) 〔札幌大〕

(4) When she kissed the frog, it changed ☐ a Prince.

(by / for / from / into / out of) 〔武蔵大〕

(5) She led a blind man ☐ the hand across the street.

(with / for / by / in) 〔川崎医科大〕

(6) ☐ traffic jams, we will arrive a little later than expected.

(Despite / Due to / Without / During) 〔関西学院大〕

(7) I've changed my mind. I think I'll have the steak dinner ☐ the fried chicken.

(instead of / in contrast with / in case of / in return for) 〔南山大〕

(8) Regardless ☐ nationality, you can become rich in this society.

(for / in / on / of) 〔大阪経済大〕

(9) I went to the restaurant, ☐ its bad reputation, because it was so cheap.

(by way of / for want of / in contrast to / in place of / in spite of) 〔武蔵大〕

(10) It is sometimes difficult to tell one twin brother ☐ the other.

(to / from / among / of) 〔東京国際大〕

(11) The grief that I underwent was ☐ description.

(over / beyond / above / across) 〔関西学院大〕

(12) The price of oil has risen ☐ more than 10 percent.

(at / by / in / on) 〔安田女子大〕

(13) Unfortunately, Jane missed the train ☐ two minutes.

(in / for / by / off) 〔名古屋工大〕

(14) Jane was speaking ☐ her mouth full of cake.

(in / with / over / by) 〔桃山学院大〕

(15) Let's talk ☐ a cup of coffee, shall we?

(at / over / in / on) 〔沖縄国際大〕

(16) Let's take it ☐ consideration.

(at / in / into / of) 〔千葉商科大〕

(17) He bought a new camera ☐ twenty thousand yen.

(by / for / in / with) 〔千葉商科大〕

(18) He is ☐ deceiving us, so we should trust him.

(above / no / over / without) 〔幾央大〕

(19) I ordered some new books ☐ England.

(to / from / in / of) 〔高知大〕

(20) Something must be wrong ☐ this watch.

(at / by / for / of / with) 〔九州産業大〕

□ **2** 次の日本文と同じ意味になるように空所に適切な語を入れなさい。

(1) あなたは彼の提案に賛成ですか？ それとも反対ですか？

Are you for or (　　　) his proposal? 〔高知大〕

(2) 私が驚いたことに，彼は悪天候にもかかわらず，スキーに行った。

(　　　) my surprise, he went skiing (　　　) the bad weather.

□ **3** 次の各文の下線部で，誤りのある部分を指摘し，訂正しなさい。英文のあとに NO ERROR のマークがある問題は，「誤りがない場合」に，そのマークを選ぶこと。

(1) ①Immediately after ②coming home from school, I helped my sisters ③to their homework.

〔県立広島大〕

(2) Trade and ①migration from the East African coast ②while the nineteenth century ③helped ④spread the language to the interior of East, Central, and South Africa. 〔関西外国語大〕

(3) I ①have decided that one way or another I am going to finish ②my paper on the political and social consequences of the Vietnam War ③until the end of next week ④at the latest. ⑤NO ERROR 〔早稲田大〕

51

23 動詞の一致・話法

🖉 POINTS

① 見抜きにくい長い主部の中の主語を見きわめる──主語と動詞の一致について
② 直接話法と間接話法の書きかえにおける頻出事項について

☐ **1** 次の各文の下線部で，誤りのある部分を指摘し，訂正しなさい。

(1) Young people ①born in the modern world, ②is often said ③to be spoiled ④by material wealth.　　〔明星大〕

(2) The police ①has caught the five ②thieves who ③broke into the bank and ran away ④with a huge sum of money.　　〔杏林大〕

(3) Everyone ①were busy. The boys ②carried and arranged the desks and chairs, the girls arranged the books ③and the teacher ④made suggestions.　　〔立命館大〕

(4) ①Never before in the history of our ②school ③has ④there been such promising students.　　〔早稲田大〕

(5) I said ①that ②I want to go home, but nobody ③listened to me, so I had ④to stay.　　〔獨協大〕

(6) The fact ①that the number of foreigners ②who can speak Japanese ③have increased lately ④is common knowledge.　　〔関西外国語大〕

(7) Neither Mr. Jones ①nor Mr. Williams ②were able to give me ③any advice when I ④went to see them about my problem yesterday.　　〔成蹊大〕

(8) ①The ideas I had when I ②was in my country ③are the same as ④that I have now.〔慶應義塾大〕

(9) The ①amount of tax ②people pay ③vary considerably according to ④where they live.　　〔学習院大〕

(10) News of a serious road accident ①caused by a ②sleepy driver ③are just coming ④in.　　〔関西外国語大〕

(11) One of the minority ①groups in this city ②are represented ③by only one ④out of 40 council members.　　〔明海大〕

(12) As you know, Australian koalas are furry, gray ①animal that ②live in ③trees and ④feed on leaves.　　〔京都外国語大〕

(13) We send our children ①to school to prepare them for the time ②when they ③will become adults and have to work for ④himself.　　〔京都外国語大〕

(14) The ①atmosphere around the earth ②has been compared to the skin ③which ④protect a biological organism. 〔京都外国語大〕

□ **2** 次の各文の空所に入る最も適切なものを選びなさい。

(1) Do you say that my daughter as well as your sons ☐ supposed to stay there?
(being / been / to be / is / are) 〔大手前女子大〕

(2) Sixty dollars ☐ too much to pay for the melon I bought.
(was / is / are / were) 〔拓殖大〕

(3) Copernicus discovered that the earth ☐ round.
(is / was / has been / looked) 〔吉備国際大〕

(4) He asked ☐ go with him.
(if you could / you could / if you are / you will to) 〔福山大〕

(5) A number of passengers ☐ singing in the bus.
(were / was / be / had)

□ **3** 次の各組の文が同じ内容になるように空所に1語入れなさい。

(1) {
He said to us, "Let's go."
He proposed that ( ) ( ) go. 〔獨協大〕
}

(2) {
He said to me, "Is Mary in a white dress?"
He asked me ( ) Mary had a white dress ( ). 〔国学院大〕
}

(3) {
She said to me, "Don't be noisy in this room."
She ( ) me ( ) to be noisy in ( ) room.
}

(4) {
My sister said, "I wish I were a boy."
My sister said that ( ) ( ) ( ) ( ) a boy.
}

(5) {
He said to Kumi, "What do you think of my new car?"
He asked Kumi ( ) she ( ) of ( ) new car.
}

(6) {
He said to me, "How deep is this lake?"
He asked me about the ( ) of the lake. 〔福島大〕
}

(7) {
Yesterday she said to me, "Come and see me tomorrow."
Yesterday she told me to come and see ( ) ( ).
}

24 特殊構文　強調・倒置・省略など

POINTS

① 文頭の否定語(句)のあとの語順について倒置が起こるのは？

② 注意すべき強調構文と省略の留意事項

□ 1 次の各文の空所に入る最も適切なものを選びなさい。

(1) Where ⬚ earth have you been for so long?

　（over / in / under / on）　〔桃山学院大〕

(2) ⬚ the Christmas shopping season begins.

　① That is after Thanksgiving

　② After Thanksgiving it is

　③ It is after Thanksgiving that

　④ It is Thanksgiving that　〔北陸大〕

(3) Was it just because she was very tired ⬚ she didn't attend the party?

　（how / that / whether / why）　〔東京経済大〕

(4) It was ⬚ we found the nice antique silver spoons.

　① in London that

　② what in London

　③ London in where

　④ in London which　〔立命館大〕

(5) Never ⬚ seen so much snow.

　（the children / have the children / the children have / the children had）　〔愛知工業大〕

(6) On ⬚ account should you leave the door unlocked while driving.

　（good / no / every / some）　〔慶應義塾大〕

(7) Not until he was fifty years old ⬚ to take a great interest in music.

　（did he begin / he began / and began / beginning / began he）　〔杏林大〕

(8) Bill said that only then ⬚ what she meant.

　① he can understand　　② understood he

　③ could he understand　　④ he did understand　〔高知大〕

(9) Tony likes walking in the country, and ⬚.

　① also does Nancy　　② so does Nancy

　③ Nancy likes also　　④ so Nancy likes　〔東海大〕

(10) My uncle is in the other room watching television ⬚ drinking beer.

　（when / while / with / for / as）　〔早稲田大〕

(11)　Cancer can be cured if ☐ in time.

　　（discover / to discover / discovered / discovering）　〔福岡大〕

(12)　Bad habits, ☐ , are very hard to get rid of.

　① when forming　　　② when it formed

　③ once forming　　　④ once formed

(13)　☐ the composer of this music is?

　① Do you think　　　② What do you think of

　③ Who do you think　　④ Whom do you think　〔共立女子大〕

(14)　Very little, if ☐ , is known about the origins of this language.

　　（anything / necessary / possible / something）　〔立教大〕

(15)　Even a small child knows ☐ to be without friends.

　　（what it is like / what is it like / it is like what / like what it is）　〔獨協大〕

(16)　I hope Anna passed her exams. ☐ , she'll have to repeat her senior year.

　　（If not / With them / If so / Without them）　〔関西学院大〕

□　**2**　次の日本文に合うように（　）内の語を並べかえなさい。

(1)　彼が心変わりをしたのはいったいなぜか。

　What（his / change / made / it / him / that / was / mind）?　〔東京家政大〕

　（　　　　　　　　　　　　　　　　　　　　　　　　　　　）

(2)　一体どうしてきみはあのライオンをうまく操ることができるのですか。

　（able / are / to control / how / it / is / that / those lions / you）?　〔獨協医科大〕

　（　　　　　　　　　　　　　　　　　　　　　　　　　　　）

□　**3**　次の文の空所に入れるのに不適切なものを１つ選びなさい。

　☐ have I seen so many ants.

　（Rarely / Never / Seldom / Often）　〔関西学院大〕

□　**4**　次の文の空所に入れるのに適切なものを<u>あるだけ</u>選びなさい。

　"Will you go shopping this afternoon?"

　"No, and ☐ ."

　① neither Chiyoko will　　② neither will Chiyoko

　③ nor will Chiyoko　　　④ so will Chiyoko

55

25 熟 語 ①

解答▶別冊P.42

POINTS
① 同意語への言いかえが入試で最もねらわれる熟語への焦点
② 意外な意味をもつ必出の要注意熟語への焦点

1 次の各文の下線部と同意のものを１つ選びなさい。

(1) She cannot <u>put up with</u> the noise any longer.
(bear / listen / wear / overtake) 〔愛知工業大〕

(2) You should <u>bring up</u> your children to respect elderly people.
(show / raise / tell / rise) 〔玉川大〕

(3) The game had to be <u>called off</u> because of bad weather.
(affected / postponed / interrupted / canceled) 〔大阪学院大〕

(4) They <u>called for</u> the severest punishment of the criminals.
(allowed / demanded / expected / imagined) 〔日本大〕

(5) Nothing can <u>make up for</u> the loss of nature.
(send for / compensate for / seek for / stand for) 〔駒澤大〕

(6) The police promised to <u>look into</u> the matter.
(investigate / introduce / involve / invade) 〔東海大〕

(7) He could not <u>account for</u> this prescription.
(purchase / explain / remind of / search) 〔名古屋市立大〕

(8) Every child needs someone to <u>look up to</u> and copy.
(help / raise / respect / support) 〔近畿大〕

(9) The weather is so bad this morning that we should definitely <u>put off</u> the game.
(observe / postpone / guarantee / determine) 〔亜細亜大〕

(10) On the U.S. flag, each stripe <u>stands for</u> one of the original thirteen colonies.
(memorizes / represents / accomplishes / translates) 〔亜細亜大〕

(11) My brother <u>takes after</u> my father, but I don't.
(likes / doesn't care for / resembles / follows) 〔関東学院大〕

(12) Jack <u>made it</u> as a dentist in Kobe.
(worked / failed / succeeded / visited) 〔関西学院大〕

(13) You will have to <u>cut down on</u> sweets.
(reduce / select / stop / divide) 〔専修大〕

　次の各文の空所に入る最も適切なものを選びなさい。

(1)　He is much better [　　　] than he used to be.

　　(living / spending / on / off)　　　　　　　　　　　〔千葉工業大〕

(2)　I've tried to [　　　] up to my parents' expectations.

　　(do / make / work / live)　　　　　　　　　　　　〔清泉女子大〕

(3)　The young man who was just hired is getting very well along [　　　] his fellow workers.

　　(in / into / over / with)　　　　　　　　　　　　　〔名城大〕

(4)　Would you care [　　　] another glass of beer?

　　(for / of / on / with)　　　　　　　　　　　　　　〔京都産業大〕

(5)　Those people have to work hard to make ends [　　　].

　　(together / happy / clear / meet)　　　　　　　　　〔東京情報大〕

(6)　Mr. and Mrs. Brown [　　　] their daughter with a nice education.

　　(gave / prepared / provided / handed)　　　　　　　〔横浜商科大〕

(7)　We ran [　　　] of water in the middle of the desert.

　　(all / out / some / through)　　　　　　　　　　　〔武庫川女子大〕

(8)　This rug will [　　　] beautifully with our sofa.

　　(go / come / make / do)　　　　　　　　　　　　　〔愛知工業大〕

(9)　I could not [　　　] out what he meant.

　　(look / set / make / take)　　　　　　　　　　　　〔金城学院大〕

(10)　You are supposed to [　　　] from smoking in the hall.

　　(absolve / give up / quit / refrain)　　　　　　　　〔千葉商科大〕

(11)　When he died, his business was taken [　　　] by his son.

　　(after / off / over / through)

　次の各組の文が同じ内容になるように空所に1語入れなさい。

(1)　{ After further consideration, I decided to go to London.
　　 { On second (　　　　), I decided to go to London.　　　〔福井工業大〕

(2)　{ She yielded to the pressure from other people.
　　 { She (　　　　) in to the pressure from other people.

(3)　{ Once in (　　　　) (　　　　) we go to the cinema.
　　 { Sometimes we go to the cinema.　　　　　　　　　　〔就実女子大〕

(4)　{ As it happened, I met him on the train yesterday.
　　 { I met him (　　　　) chance on the train yesterday.　〔神戸大〕

解答▶別冊P.43

POINTS

① 同意語への言いかえが入試で最もねらわれる熟語への焦点
② 動詞選択で注意すべき熟語とその用法について

☐ **1** 次の各文の下線部と同意のものを１つ選びなさい。

(1) Her colorful dress made her <u>stand out</u> in the crowd.

　　(miserable / respectable / suitable / noticeable)

(2) Please <u>stand by</u> me whenever I'm in trouble.

　　(remember / rely on / support / talk with)　　　　　　　〔産業能率大〕

(3) His application for a position with that company was <u>rejected</u>.

　　(turned down / turned in / turned over / turned up)　　　〔日本大〕

(4) Mrs. Kobayashi always <u>finds fault with</u> others.

　　(avoids / discusses / criticizes / gets angry)

(5) You will have to <u>go through</u> hardships.

　　(experience / explain / expert / expect)　　　　　　　　〔大阪産業大〕

(6) Please <u>hand in</u> the paper by 3 p.m.

　　(submit / find / write / make)　　　　　　　　　　　　〔大阪商業大〕

(7) He failed to <u>turn up</u> on the occasion.

　　(appear / proceed / progress / approach)　　　　　　　　〔青山学院大〕

(8) I couldn't <u>figure out</u> what he said.

　　(calculate / criticize / repeat / understand)　　　　　　〔近畿大〕

(9) The committee <u>consists of</u> twelve members.

　　(is up to / is short of / is equal to / is made up of)　　　〔愛知工業大〕

(10) His car <u>caught up with</u> hers.

　　(discussed / looked / overtook / supported / hit)　　　　〔亜細亜大〕

(11) He has <u>quite a few</u> books on economics in his study.

　　(many / too many / very few / only a few)　　　　　　　〔関西学院大〕

(12) They <u>did away with</u> the interview test last year.

　　(introduced / included / transferred / abolished)　　　　〔立命館大〕

(13) The stranger <u>turned out</u> to be an old friend of mine.

　　(used / appeared / pretended / proved)

(14) We <u>took advantage of</u> Bill's goodwill and let him repair the fence.

　　(got away from / kept up with / looked down on / made use of)　〔日本大〕

□ **2** 次の各文の空所に入る最も適切なものを選びなさい。

(1) She is to ☐ for the failure.

(accuse / blame / accept / reproach)　　　　　　　　　〔関西学院大〕

(2) They were at a ☐ for words and could only smile.

(war / time / loss / corner)　　　　　　　　　　　　〔関西学院大〕

(3) He wouldn't ☐ part in the discussion.

(get / put / let / take)　　　　　　　　　　　　　　〔いわき明星大〕

(4) Honesty is said to pay in the long ☐ .

(course / track / way / run)　　　　　　　　　　　　〔千葉商科大〕

(5) We are very ☐ about who she goes out with.

(interesting / financially / particularly / particular)　〔武蔵工大〕

(6) What you're saying doesn't really make any ☐ .

(truth / sense / meaning / fact)　　　　　　　　　　〔安田女子大〕

(7) I don't have any money. Buying a motorcycle is out of the ☐ .

(problem / possibility / question / sight)　　　　　　〔清泉女子大〕

(8) When you can't spell the word, look it ☐ in the dictionary.

(up / for / at / out)　　　　　　　　　　　　　　　〔神戸学院大〕

(9) Jack was having lunch when a fire broke ☐ in the restaurant.

(away / out / down / on)　　　　　　　　　　　　　〔日本大〕

(10) How did you come ☐ those rare books?

(about / by / after / along)　　　　　　　　　　　　〔中央大〕

□ **3** 次の各組の文が同じ内容になるように空所に1語入れなさい。

(1) { Don't laugh at his English.
　　{ Don't make (　　) of his English.

(2) { I was nicely deceived by the smooth talker.
　　{ I was nicely taken (　　) by the smooth talker.　　〔千葉商科大〕

(3) { She never recovered from the death of her husband.
　　{ She never (　　) over the death of her husband.

(4) { She made believe not to hear me.
　　{ She (　　) not to hear me.　　　　　　　〔ノートルダム清心女子大〕

(5) { He was wearing only his shorts.
　　{ He was wearing (　　) but his shorts.　　　　　　　〔専修大〕

59

27 口語・会話表現

解答 ▶ 別冊P.45

✎ POINTS

① 電話での決まり文句と日常頻出会話文

② 会話独特の表現：頻出の動詞・名詞・形容詞について

□ **1** 次の日本語訳を参考にして, 空所にそれぞれ１語ずつ入れ次の会話文を完成させなさい。

Mr. Smith : Hello.

Midori　　: May I (1)(　　　　) to Mr. Smith?
　　　　　　(スミスさんをお願いします。)

Mr. Smith : Speaking. (2)(　　　　) (　　　　) this, please?
　　　　　　　　　　(どなたですか。)

Midori　　: This is Midori Suzuki. I'm going to be your homestay student next month.

Mr. Smith : Oh, Yes! Midori! It's nice to (3)(　　　　) from you.
　　　　　　　　　　(電話してくれてありがとう。)

Midori　　: Thank you. Let me tell you my arrival day. I will arrive in Los Angeles on
　　　　　　September 3rd.

Mr. Smith : 3rd! That's too (4)(　　　　). I'm (5)(　　　　) I won't be able to (　　　　) you at the
　　　　　　　　(残念だねえ。)　　　　(私は空港まで迎えに行けそうもないんだ。)

　　　　　　airport. I'll be away on (6)(　　　　) that day.
　　　　　　　　　　(その日は仕事で出かけるんでね。)

Midori　　: Oh, please don't (7)(　　　　). I'll take a taxi.
　　　　　　(いえ, いいですよ。タクシーに乗りますから。)

Mr. Smith : No problem. My wife will pick you up there.

Midori　　: That'll be great!

Mr. Smith : And I will be back home the day after. We are (8)(　　　　) (　　　　) to (　　　　)
　　　　　　you.　　　　　　　　　　　(会えるのを楽しみにしているよ。)

Midori　　: So am I. It's nice talking with you.
　　　　　　　　　　　　　　　　　　　　　　　　　　　　　　〔大阪市立大〕

□ **2** 次の日本文と同じ意味になるように空所に適切な語を入れなさい。

(1) 今晩パーティーをやるんだ。都合がつくかい？

We are going to have a party tonight.

Can you (　　　) it?

(2) 本気かい？

Do you (　　　) it?

(3) 弱音を吐くな。元気を出せ。

Never say (　　　). Cheer up!

(4) 危ない！　車が来るぞ！

(　　　) out! A car is coming!　　　　　　　　　　　〔以上，高千穂商科大〕

(5) 今日の仕事はこれまで。

So much (　　　) today's work.　　　　　　　　　　〔名城大〕

(6) 行って自分で彼女に礼を言いなさい。

You had better go and thank her (　　　) person.　　〔鹿児島大〕

(7) それでもとにかくありがとう。

Thank you just the (　　　).

(8) 失礼ですが，電話番号がまちがっています。

I am sorry, but you have the (　　　) number.　　　〔明星大〕

(9) どうか気になさらないでください。

Take it (　　　), please.　　　　　　　　　　　　　〔杏林大〕

(10) 私はここは初めてなのです。

I'm a (　　　) here.

(11) おいでいただいて，どうもありがとうございます。あなたとご一緒できて楽しかったです。

Thank you very much for coming. I enjoyed your (　　　).

(12) ご両親によろしくお伝えください。

ⓐ Please (　　　) me to your parents.

ⓑ Please give my best (　　　) to your parents.

□ **3** 次の各文の空所に入る最も適切なものを選びなさい。

(1) [　　　] come you are so sure about the patient's symptoms?

(Should / Do / Why / How)　　　　　　　　　　　　　〔杏林大〕

(2) We can't finish all this work. Let's [　　　] it a day now.

(run / break / have / call)　　　　　　　　　　　　　〔聖心女子大〕

□ **1** 次の各文の下線部で，誤りのある部分を指摘し，訂正しなさい。

(1) The singer ①quickly won ②popularity ③among young, but it didn't ④last long. 〔立命館大〕

(2) I consider ①almost men to be ②honestly in love when they ③get married, but often this ④fades after a few years. 〔獨協大〕

(3) Despite ①of being the world's lingua franca, English is ②the most difficult European language ③to learn ④to read. 〔上智大〕

(4) ①That not played ②regularly, an old piano ③can lose ④its unique and inherent qualities. 〔京都外国語大〕

□ **2** 次の日本文と同じ意味になるように空所に適切な語を入れなさい。

(1) 何かご用でしょうか。
   What can I (   ) for you? 〔杏林大〕

(2) その人口は京都の約半分だ。
   Its population is about half as (   ) as that of Kyoto. 〔明星大〕

(3) あともう5日の旅程です。
   You've got (   ) five days' journey.

(4) 戦争が起こったのは私が生まれる前でした。
   (   )(   ) before I was born that the war broke out. 〔就実女子大〕

(5) 彼らの仲は，とてもうまくいっているというわけでもないと思う。
   I am afraid that they don't (   ) along very well. 〔慶應義塾大〕

(6) 今までのところこの辞書は私が英語を勉強するのに役立っている。
   So (   ) this dictionary has helped me study English.

(7) 辛い食べ物はあまり好きではありません。
   I don't (   ) for hot food very much. 〔北九州大〕

(8) きょうはここまでにしましょう。
   Let's (   ) it a day!

(9) いっしょにいてくれてありがとう。
   Thank you for your (   ).

(10) 私が大変驚いたことには，彼女はうまくやった。
   Much (   ) my surprise, she succeeded.

□ **3** 次の各文の下線部と同意のものを1つ選びなさい。

(1) Why did you <u>turn down</u> the offer?

(accept / receive / give / refuse) 〔愛知工業大〕

(2) The game was <u>called off</u> due to the bad weather.

(finished / played / canceled / started) 〔大阪商業大〕

(3) Sarah said that she was <u>brought up</u> in New York.

(conditioned / educated / lived / raised) 〔高岡法科大〕

(4) I cannot <u>put up with</u> his rudeness any longer.

(mistake / stand / hide / work) 〔駒澤大〕

(5) Emily's bright blonde hair made her <u>stand out</u> from other girls.

(distinguishable / free / silent / isolated) 〔札幌大〕

□ **4** 次の各文の空所に入る最も適切なものを選びなさい。

(1) Why on ☐ did the railway accident happen?

(earth / globe / the universe / the world) 〔千葉商科大〕

(2) Mariko is an early bird — she always gets up and has her *futon* put away ☐ 5 o'clock in the morning.

(until / almost / when / by) 〔同志社女子大〕

(3) They look so much ☐ that I can't tell them apart.

(like / likely / liking / alike) 〔山梨大〕

(4) The document clarifies that to maintain a certain level of security is ☐ .

(of great importance / greatly importance / great important / great importantly) 〔広島工業大〕

(5) I ☐ into an old friend at the airport in Nagoya.

(ran / made / caught / saw) 〔関西学院大〕

(6) My friends hope you'll come back soon and ☐ .

(I do so / I too so / so I do / so do I) 〔関西学院大〕

(7) I found there are a lot of interesting expressions used by British people ☐ talking about the weather.

(during / where / when / who) 〔摂南大〕

(8) ☐ deprived of oxygen, the brain dies.

(Never / Not / Sometimes / Once) 〔成蹊大〕

(9) Will you call me back ☐ ten minutes?

(for / by / in / at) 〔関西学院大〕

(10) This is the most popular time of the year to visit Kyoto. ☐ the hotels are full.

(Almost / Almost all of / Almost every / Almost of) 〔追手門学院大〕

著者略歴————————————

大井　正之

- ●関西外国語大学英米語学科卒。
- ●現在，早稲田摂陵高校英語科教員。3年生の大学受験指導を担当。
- ●英語研究においては，旺文社主催旧総理府・文部省後援「全国学芸コンクール」社会人の部，研究論文部門で3度，賞を得る。
- ●学習参考書に『大学・短大入試スーパーダブルチェック』シリーズ全3点，『大学入試スーパーチェック英熟語550』（以上，受験研究社），『POINTS & DRILL 英文法・語法問題』（高校採用テキスト，増進堂），『瞬間英文法』，『瞬間英熟語』（以上，学研）などがある。
- ●一般書に『中学英語の基本パターン81だけで英会話ができる本』『中学英語だけで絶対に話せる101の法則』（明日香出版社）『知ってるようで知らない英語』（ごま書房新社）『基本マスターBASIC英会話』（語研）などがある。
- ●『全国大学入試問題　正解』（旺文社）の解答・解説を歴任。

装丁デザイン　ブックデザイン研究所
本文デザイン　未来舎

本書に関する最新情報は，小社ホームページにある**本書の「サポート情報」**をご覧ください。（開設していない場合もございます。）
なお，この本の内容についての責任は小社にあり，内容に関するご質問は直接小社におよせください。

高校　トレーニングノートβ　英文法

編著者	高校教育研究会	発行所	受験研究社
	大井正之		
発行者	岡　本　明　剛		
印刷所	ユ　ニ　ッ　ク　ス	© 株式会社 増進堂・受験研究社	

〒550-0013 大阪市西区新町2丁目19番15号
注文・不良品などについて：(06)6532-1581(代表)／本の内容について：(06)6532-1586(編集)

Training Note

トレーニングノート β

英文法

解答・解説

解 答・解 説

1 時 制 (pp.2〜3)

☑ 解 答

1
(1) have been
(2) have been
(3) saw
(4) did you arrive
(5) been drinking
(6) will have been sick
(7) will have been studying
(8) had gone
(9) had been traveling
(10) I have
(11) In case it rains
(12) will change
(13) moment
(14) before
(15) since
(16) No sooner

2
(1)① （I was visiting または I visited にする）
(2)④ （will が不要）

3
(1) since forty
(2) have hoped

4
(1) on
(2) have passed, been dead

🧑 解 説

1

(1) so far（今までのところ＝ up to now）は現在完了形と共に用いる。
「これまでのところ，これらの努力はとてもうまくいっている。」

(2) since 〜（〜から）で現在まで続いているという内容なので，現在完了形を選ぶ。
「私たちは 2 年前に会議で会ってからずっと仲良しである。」

(3) 疑問文に使われている現在完了形にまどわされないようにする。I was in Tokyo から後半文も同じ時制（過去形）に合わせる。
「あなたは今までにあの映画を観たことがありますか。」「あるよ。東京にいたときに，3 回観たよ。」

(4) When 〜？（いつ〜か）の文中や，過去を明示する語（句）(in 1954, just now（ついさっき)) などがある場合，現在完了形は使えない。過去

形を用いる。
「あなたはいつここに着いたのですか。」「ついさっきだよ。」

(5) recently（最近）は現在完了形・過去形と共に用いる。本問では現在完了進行形（have been 〜 ing）が適合する。
「私は最近紅茶を飲みすぎている。」

(6) 「明日で 3 週間寝ていることになる」という内容から未来完了形を選ぶ。
「もし私の記憶が正しければ，レイチェルは明日で 3 週間寝ていることになる。」

(7) 「次の 3 月までには」の内容から，未来完了進行形が最適。
「次の 3 月までには彼女は 6 年間英語を学んでいることになる。」

(8) 「彼女の家族が気づいた」という内容はそれより前のことなので，that 節内は過去完了形になる。
「その翌朝，彼女の家族は彼女の部屋が空っぽで，彼女が出て行ったことに気づいた。」

(9) 「24 時間以上ずっと旅行をしていた」という文意から，過去完了進行形が最適。
「私はロンドンからの飛行機を降りたとき，ひどく疲れていた。私は 24 時間以上ずっと旅をしていたのだ。」

(10)〜(12) 「🔍 今回のミニ講義」を参照。

(10) 「私の乗る列車が来たわ。私はもっと時間があるときに，あなたにあとで電話をするわ。」

(11) 「明日雨が降れば，私たちのサッカーの試合は中止されるだろう。」

(12) 「あいにくだれもその製品の名前が企画の一新後に変わるかどうか知りません。」

(13) the moment S + V（〜するとすぐに）= as soon as S + V
▶ the minute, the instant も同意。
「私がバスタブに足を踏み入れるとすぐに電話が鳴った。」

(14) It will not be long before S + 現在形〜（S はまもなく〜するだろう）
「ウォルトおじさんはまもなく旅行から戻るだろう。」

(15) It is〔has been〕〜 years since S + 過去形.（S が…してから〜年になる）
「デイビッドが医師として仕事をし始めてからすでに 3 年以上になる。」

(16) No sooner had S + 過去分詞〜 than + 過去

形…．（Sは～するとすぐに…した）

▶ had S ＋過去分詞の部分は，「倒置」（疑問文の形）になる。

「彼女が家を出るとすぐに雨が降り出した。」

2

(1) はっきりと過去を明示する語(句)Last week があるので，現在完了形は不可。過去形か過去進行形を用いる。

「先週，私は札幌と新潟を訪れたところだが，機会があれば，まだ京都に行きたいと思っている。」

(2) until 以下は「時・条件を表す副詞節内」になるので，現在形にすべき。

「家族のパスポートは今，使用されていないが，あるものは期限切れになるまでまだ使えるかもしれない。」

3

(1) since は「～以来」の意味で現在または話題の時点まで含む状態・動作の起点を表すので，数字を伴う期間をもってくるのは不可。

▶「～間」の意味の for は省略することができる。good は「丸」，some は「およそ」という意味。

「私は丸40年間／40年間／約40年間，ここに住んでいる。」

(2) 現在完了形を「私の訪問中」の文中で用いることはできない。この場合，過去の意味になるからである。

「私の訪問中，私は平和の記念碑を訪れるために広島へ行きたいと願っている〔いた〕。」

4

(1) be on the point of ～ing（まさに～しようとしている）＝ be about to ＋原形

「彼らはまさに出発しようとしている。」

(2) 「彼の父親が亡くなってから3年たつ。」

注 three years（3年）を1つの固まりととらえて have の代わりに has を使うこともある。

S has been dead for ～ years. の dead を died にすることは不可。

今回のミニ講義

1 (10)〜(12)について

in case（もし～ならば）＝ if, when（～するとき），till〔until〕（～まで），before（～する前に），after（～してから），as soon as（～するとすぐに），unless（もし～しなければ）などの「時や条件」を表す副詞節中では未来形の代わりに現在形を，未来完了形の代わりに現在完了形を用いる。ただし，when が「い

つ～か」，if が「～かどうか」というような名詞節中では未来の内容は未来形を用いる点に注意。

1 の(12)の if は「～かどうか」の意味なので，未来のことは未来形にする。

☆ if が「もし～ならば」の意味のときは，未来の内容でも現在形にする。

例 If it ~~will rain~~ tomorrow, I won't go.
　　　　　　↓
　　　　　rains にする。

「明日雨が降れば，私は行きません。」

---

2 助動詞　　　　　　　　(pp.4〜5)

解答

1 (1) do
　(2) can't be
　(3) ought to
　(4) used to
　(5) used
　(6) would
　(7)④　　　　　(8)④
　(9) might have been
　(10) have apologized
　(11)④
　(12) can't have done
　(13) had better not
　(14) I'd rather not
　(15) be　　　　(16) will
　(17) shall we
　(18) does she

2 (1) rather stay home and watch TV than go out to

　(2) as well throw away the money as spend it on

↖ココを the money away としても可。

3 (1) may well
　(2) must have been

4 エ

5 B（will が不要。または should listen to にする。）

解説

1

(1) do は will と共に用いて「結構〔十分〕である，間に合う」の意味。この表現は最近の頻出事項なので will do をイディオムと考えよ。

A：「私たちは何時にお会いしましょうか，6時，それとも6時30分？」

B:「どちらでもいいですよ。」

(2) can't（〜であるはずがない）His story can't be true.（彼の話は本当のはずがない。）のように can't は true とセットでよく出題される。
  「ジョンはちょうど昼食をすませたところなので，空腹であるはずがない。」

(3) ought to ＋原形（〜するはずだ，おそらく〜だ，〜すべきである）
  「もし今月の終わりまでに私たちが抱えているこれらのすべての製品をあなたが売れば，あなたはおそらく昇進するだろう。」

(4)〜(5) used to ＋原形（よく〜したものだ，以前は〜だった）過去の習慣や現在との対比を表す。「🔲今回のミニ講義」を参照。

(4) 「角のところに以前，本屋があった。」

(5) 「私は昔は水泳選手だったが，今はもうそうではありません〔私は昔は泳げたが，今は泳げません〕。」

(6) would（よく〜したものだった）過去の不規則な習慣を表す。often と共によく出題される。「🔲今回のミニ講義」を参照。
  「彼女が自分のレストランで歌ったとき，彼女の妹たちがよくやって来て彼女に加わったものだった。」

(7) should〔ought to〕have ＋過去分詞（〜すべきだったのに（しなかった）；〜したはずである）この２つの意味を押さえれば O.K.。
  「トレーシーはケビンが出かける前に彼と話をするべきだったのに。でも彼女はそうしなかった。」

(8) must have ＋過去分詞〜（〜だったに違いない）
  「私たちは道に迷ってしまった！　先程の曲がり角をまちがって曲がったにちがいない。」

(9) may〔might〕have ＋過去分詞〜（〜だったかもしれない，〜したかもしれない）
  「太郎は昨日，そこへ行ったかもしれないが，誰も彼に会わなかった。」

(10) ought to have ＋過去分詞〜（〜するべきだったのに）
  ▶「そうすべきだったのにしなかった」という非難・後悔の念を表す。(7)参照。
  「恵は激しくけんかをしたあとで彼にわびるべきだったのに。」

(11) shouldn't have ＋過去分詞〜（〜するべきではなかったのに）
  「サービス料は請求書に含まれていた。あなたは給仕にあんなにたっぷりとチップを渡すべきではなかったのに。」

(12) can't have ＋過去分詞〜（〜だった〔した〕はずがない）
  「私がずっと彼と一緒にいたので，彼はそんなひどいことをしたはずがない。」

(13) had better not ＋原形（〜しないほうがよい）not の位置に注意！
  cf. had better ＋原形（〜するほうがよい）
  「私は少し体重を減らしたいと思っている。（だから）食べすぎないようにした方がよい。」

(14) would〔had〕rather not ＋原形（どちらかと言えば〜したくない）not をとると「どちらかと言えば〜したい，むしろ〜したい」の意になる。
  「私はどちらかと言えば，彼にはためになることは言いたくない。」

(15) necessary（必要な），essential（絶対必要な），important（重要な），natural（当然の），strange（奇妙な），surprising（驚くべき）などの**判断や感情を表す形容詞**がくるとき，that節中では should を用いる。
  ▶ should を入れるのは主にイギリス式で，この should は省略できる。本問ではあわてて should にとびついてはならない。be prepared と be が必要だからである。
  「私たちは緊急事態に備えて準備をする必要があった。」

(16)〜(18) （付加疑問文）
命令文には will you? か won't you? を，Let's 〜の文には shall we? をつける。
(18)は hardly ever（めったに〜しない）があるので，肯定形の付加疑問となることに注意する。

(16) 「お願いがあるのですが。」

(17) 「昼食にしましょうね。」

(18) 「あなたのおばはめったに家から出ませんね。」

2

(1) would rather A than B（B するよりむしろ A したい）
  〔↳原形↲〕

(2) might（just）as well A as B（B するくらいなら A したほうがましだ）might を may にしても同意。A as B 問題文で頻出，暗記せよ！

3

(1) may〔might〕well ＋原形（〜するのももっともだ）＝ have good reason to ＋原形
  注 natural の that節中の should については **1** の(15)の解説を参照。
  「彼がその待遇に不平を言うのはもっともだ。」

(2) must have ＋過去分詞〜（〜したに違いない）I'm sure 〜（私は〜と確信している）との書

きかえが頻出。

「あなたはその騒音に驚いたに違いない。」

4

should have＋過去分詞～（～すべきだったの
に）

▶ hear A＋原形～（Aが～するのを聞く）と
の合体になっているので注意すること。

5

It is essential that ～の that 節内は，S（should）
＋原形になる。（**1** の⑮を参照。）

▶この出題は今後，増加が予想される。

「私たちみんなはコーチがその大試合に向け
て発言することに耳を傾けることが絶対必要
だ。」

▶文中の has to ～は「～するために持ってい
る」が直訳。「言わなければならないこと」よ
りも「発言すること」と和訳すると文意がとり
やすい。

今回のミニ講義

1 (4)～(6)について

used to と would（often）はどちらも「よく
～したものだ」の意味で過去の習慣を表すが，
would には次の例のように**過去の状態を現在
と対比**させる用法はない。

○There **used to** be a cheap sweets store on
that corner.（あそこの角には以前，駄菓子
屋があった。）

×There **would** be a cheap sweets store on
that corner.

したがって，There used to be a＋名詞　で
「以前～があった」の構文として覚えよ。

---

3 動 詞 語法1 (pp.6〜7)

解答

1 (1) belongs to　(2) do
(3) did　(4) miss
(5) last　(6) lie down
(7) raise　(8) approached
(9) attend　⑽ mention
⑾ refers　⑿ did
⒀ to　⒁ did
⒂ makes　⒃ hope for
⒄ persuaded

2 (1)③（about が不要）
(2)②（with が不要）

(3)③（rises にする）

3 (1)

4 (1) hoped
(2) reached to

5 paid

解説

1

(1) belong to A（Aに属する）は状態を表す動
詞なので進行形にはできない。

「彼女は生け花クラブに所属している。」

(2) do you good（あなたのためになる）**反** do
you harm（あなたの害になる）

cf. do more harm than good（有害無益である）

「あなたはとても疲れているようだ。ハワイ
での1週間はあなたのためになるだろう。」

(3) do damage to A（Aに損害を与える）

注「与える」でも give ではない。

「嵐が米の収穫に大損害を与えた。」

(4) miss ～（～がいないので寂しく思う）

「私は自宅から離れるときはいつでも愛犬が
いなくて寂しく思う。」

(5) last **動**（続く，長もちする）

「この晴れたお天気はどのくらい続くかし
ら。」

(6) lie 自動詞（横たわる）－ lay － lain　　lay ～
他動詞（～を置く，～を横たえる）－ laid － laid

「私は気分がわるい。しばらく横になろうと
思います。」

(7) raise ～他動詞（～を上げる）－ raised － raised
rise 自動詞（上がる，昇る）－ rose － risen

「他の薬と違って，この新しい薬は心拍数も
血圧も上昇させなかった。」

(8) approach ～（～に近づく）

▶他の動詞は，arrive at, go to, come to の
ように前置詞が必要。

「私がその家に近づいたとき，2階に明かり
がついているのに気づいた。」

(9) attend ～（～に出席する，～に通う）

▶ attend to ～は「（人・発言など）に注意を払
う」，absent は absent oneself from ～で「～
を欠席する」の形になる。

「私は自宅近くの高校に通っている。」

⑽ mention ～（～のことを話す）は他動詞な
ので，前置詞は不要。

「彼女は私に彼女の失敗のことを話さないよ
うに頼んだ。」

⑾ refer to A（Aのことを言う）

「大学では，『芸術』という用語はふつう人

文科学と社会科学のことを言う。」

⑿ do + 名詞（〜を行う）do research（研究する）
do one's teeth（歯をみがく），do one's hair
（髪を整える），do the dishes（皿を洗う）など，
do の使用範囲は広い。
「私の学校での研究グループは，中国女性の
健康について研究を行った。」

⒀ be married to 〜については，
「　　今回のミニ講義」を参照。
「ベティは夫と結婚して7年になる。」

⒁ 〔代動詞〕この did は前の believed をさして
いる。
▶同じ動詞をくり返さないための方法。
「私は，友人たちもそうであったように，金
曜日にテストがあると思っていた。しかし，私
たちはまちがっていた。」

⒂ make no difference to A（Aにとっては問
題ではない）
「あなたが言うことで，私たちの考え方が変
わるわけではない。」

⒃ hope for 〜（〜を望む）
「あなたのご成功を望みます。」

⒄ persuade A to + 原形（A（人）を説得して〜さ
せる）選択肢の他の動詞はこの形は不可。
「結局，そのセールスマンは私を説得してそ
の高価な機械を買わせた。」

2

⑴ discuss A（Aについて論じる）discuss は
他動詞なので about は不要。about を用いるの
は同じ意味の talk about A。
「彼らは今朝からずっとその問題について議
論している。」

⑵ 「　　今回のミニ講義」を参照。
「彼は私にもし彼が私の立場なら，彼女と結
婚するだろうと言った。」

⑶ 「温度が上がる」のだから，ここでは rise を
使わなければならない。
「もし地球の平均気温が1990年の水準を越
えて1.5度から2.5度上がれば，すべての種の
約20〜30%は絶滅の危機にさらされることに
なるだろう。」

3

resemble 〜（〜に似ている）は状態を表す他
動詞なので進行形や受身にできない。
「彼女は両親のどちらにも似ていない。」

4

⑴ **hope A to** + 原形の形は**不可**。hope that 節
か，hope for A to + 原形なら O.K.。
○ I hoped for Sandy and her family to come.

○ I hoped (that) Sandy and her family would
come.
「私はサンディと家族の人たちに来てもら
いたかった〔が来ると思った／に来てもらうよ
うに頼んだ〕（wanted／expected／asked の順
に）。」

⑵ reach 〜（〜に着く）は他動詞なので，前置
詞は不要。
「洋子が入り口に到着した〔来た／に着いた
／にいた〕とき，彼女は突然，きびすを返して
家へ戻ることを決心した。」

5

物 cost + 人 + 金額（物は人に金額がかかる）
人 pay + 金額 for 物（人は物に金額を払う）
「私はこの指輪に10万円払った。」

　　今回のミニ講義
1 ⒀，**2** ⑵について
「Aと結婚する」の3表現
① marry A（この marry は他動詞）
② get married to A
③ be married to A
☆①〜③について，marry with A，get〔be〕
married with A はそれぞれ×。
これらは正誤問題やマークシート問題などで
ニセモノの選択肢としてよく見かけるが，正
しくは①〜③で，with は使わない点を頭にた
たき込むこと。
また，be married to A には「Aと結婚して
いる《状態》」と「Aと結婚する《動作》」の
2通りの意味がある。

---

4 動 詞 語 法2 　　　　　　(pp.8〜9)

解 答

1
⑴ told	⑵ said
⑶ talk	⑷ tell
⑸ talk	⑹ Hiroko the job
⑺ save	⑻ spare
⑼ rented	⑽ lay
⑾ appreciate	⑿ got
⒀ help	⒁ consult
⒂ raised	⒃①
⒄ me of the result	⒅ robbed
⒆③	

2 explained me

3 ⑴② (**tell** me か **show** me にする)
　⑵① (often **told** にする)

5

(3)① （suggested **to** her にする）
(4)② （**tells** にする）

🔍 解説

1

(1)〜(2) 「🔍 今回のミニ講義」を参照。

(1) 「前の会合で，支配人は私たちに２月までには新しいコンピューターシステムが手に入ると言った。」

(2) 「Judy は私の兄に会ったと言った。」

(3) over があるので discuss は×。
talk over 〜（〜について話し合う）
考え方 talk over something と置きかえてみる。
「あなたと話し合いたいことがあります。」

(4) tell〔distinguish, know〕A from B（AとBを区別する）from を見たら tell を選ぶこと！
「私には本物の真珠とにせ物の区別はつかない。」

(5) talk A into 〜ing（A（人）を説得して〜させる）
cf. talk A out of 〜ing〔名詞〕（A（人）を説得して〜するのを〔〜を〕やめさせる）
「私は父を説得して新車を買わせるつもりです。」

(6) offer A B（A（人）にBを提案する〔勧める〕）
= offer B to A
「その会社は弘子に資格があるため職につかないかと誘った。」

(7) save（（時間・労力・費用など）を節約する，省く）
▶ save A B（A（人）のB（労力など）を省く）の形もある。
The dishwasher saves me a lot of work.（皿洗い機のおかげでずいぶん手間が省ける。）
「私たちは特急列車に乗れば，３時間省けます。」

(8) spare（（時間・お金・人など）をさく）
▶ spare A B（A（人）にB（時間など）をさく）の形もある。
Could you spare me five minutes?（５分間私に時間をいただけますか。）
「ちょっとよろしいですか。私は奈良への旅行について話したいのです。」

(9) rent 〜（（お金を払って）〜を借りる，貸す）
類語 borrow 〜（（無料で）〜を借りる），lend 〜（（無料で）〜を貸す），own 〜（〜を所有する）
「ジョンソン一家は東京に住んでいたとき，アパートを借りていたが，とても家賃が高かった。」

(10) lay A（（鳥・昆虫などの生物が）A（卵）を産む）

lay − laid − laid と活用変化する。
「メスのクジラは卵を産まないが，子どもを産む，そして母乳を与える。」

(11) appreciate 〜（（人の好意など）に感謝する）は thank と異なり人を目的語にとらない。 頻出
× I appreciate **you**.
○ I thanked **her**.（私は彼女に感謝した。）
「私たちはその事柄をあなたが理解してくださったことに感謝します。」

(12) get〔come〕to + 原形（〜するようになる）
注 become to + 原形 は不可。
「その新メンバーはしだいに試合ルールを知るようになった。」

(13) help oneself to A（Aを自分で取って食べる〔飲む〕）
「どうぞフルーツをご自由にお召し上がりください。」

(14) consult a dictionary（辞書を引く）
「私は，いつでも辞書を引くことができるように，いつも机の上に辞書を置いています。」

(15) grow up は自動詞で「成長する，大人になる」の意味なので，受動態にはできない。raise 〜（（子ども）を育てる）
▶ raise に up は不要。これは grow up からの混同を狙ったものと考えられる。
また，この種の問題では，bring up 〜（〜を育てる）を正解とする出題も見受けられるので，注意すること。

(16) apologize（to 人）for 〜（（人に）〜のおわびをする）〔省略されて apologize for 〜になる場合も多い。〕
「トレーシーは彼に自分のひどいテーブルマナーのおわびをした。」

(17) inform A of B（A（人）にBを知らせる，告げる）
「彼はそれが公表されるとすぐに，わざわざ私にその結果を知らせてくれた。」
▶ take the trouble to + 原形（わざわざ〜する）

(18) rob A of B（A（人）からBを奪う）of が目印。
≒ deprive A of B
「彼は先日，かばんを奪われた。」

(19) come to + 原形（〜するようになる）⑿を参照。
be made public で「公表される」という意味になる。④だと「その報告書が公にした」となって，意味が通らない。
「私たちは，その報告書がどのように公表されるようになったのかを知らない。」

2

explain A B（A（人）にBを説明する）の用法は不可。〔二重目的語をとることができない。〕

explain to+㊙+that〔wh〕節 /wh 句，explain ＋目的語＋to+㊙の形にする。もちろん，to+㊙ が不要のときには explain ＋目的語（〜を説明する）となる。

「旅行代理店は航空運賃は休日期には値上がりするだろうと私に言った／言った／私にそれとなく言った。」

㊟ suggest to （＋人）＋that節は「（人に）…とそれとなく言う」で，that節内は主語＋動詞になる。

3

(1) 「道を教える」は tell か show。teach は×。
　　「すみません，バス停へ行く道を教えてくださいませんか。」

(2) 「🖥️ 今回のミニ講義」を参照。
　　「私は見知らぬ人を含む多くの人たちに松田聖子に似ているとよく言われる。」

(3) suggest to （＋人）＋that節〜（（人に）〜してはどうかと言う）**to が必要**。
　　「彼らは彼女に1人で行ってはどうかと言ったが，彼女は彼らの言うことに耳を貸さなかった。」

(4) say A to＋原形　の形は不可。ask や tell なら O.K.。
　　「ミラー夫人は，いつも自分の息子たちに年配の人と話をしているときには，礼儀正しくするように言う。」

🖥️ **今回のミニ講義**

1 (1)〜(2)，**3** (2)について

speak, talk, say, tell のうちで間接目的語に㊙をとり，二重目的語 O.K. のものは tell だけである。したがってこれらの選択肢の中から正解を選ぶ場合，目印になるのは間接目的語の㊙なので me, us, him, her などがあれば tell をとる。
また，that節を直接，目的語にとることができるのは，この中で say だけである。
○ say that 節
× tell that 節（間接目的語が必要）
○ tell me that 節
× say me that 節
○ tell me the truth
3 の(2)は能動態に戻すと say が誤りであることに気づく。
Many people tell me that 〜.
　　　↳ sayは不可。

---

5 比 較 　　　　　(pp.10〜11)

☑️ **解 答**

1 (1)④ 　　　　　　　(2)far
　　(3) very 　　　　　　(4) the older
　　(5) deepest 　　　　(6)④
　　(7) to visiting
　　(8) superior
　　(9) latter
　　⑽ as much tax as
　　⑾ no less than
　　⑿ the more
　　⒀ none
　　⒁ as anybody

2 (1) essential to the Japanese as kimuchi is
　　(2) more difficult it seemed to become
　　(3) knew better than to argue with her about this important

3 (1)② （by far にする）
　　(2)③ （very easy か，または much easier にする）

4 (1) no more than
　　(2) older than
　　(3) second

5 (1) one of the most beautiful islands I have ever visited
　　(2) Nothing is more beautiful than the love of a mother for her child.
　　別解 Nothing is as〔so〕beautiful as the love of a mother for her child.

📖 **解説**

1

(1) 比較級＋than any other＋単数形（他のどんな〜より…）比較級で最上級の内容を表す。
　　「携帯電話を用いることは，他のどんな伝達方法よりも速い。」

(2) 比較級を強めるには，far, by far, much, still, even などを用い，「はるかに，ずっと，さらに，もっと」などの意味になる。very は原級を強めるが，比較級には不可。
　　「経費は予想していたよりもはるかに大きかった。」

(3) 最上級を強める場合は，the very＋形容詞の最上級＋名詞の形にする。この very は「まさに」という意味。
　　「会長が座ったとき，給仕がまさに最高のワインをさし出した。」

(4) the＋比較級＋of the two（2者のうちで〜
のほう）この場合，比較級でも the がつくこと
に注意。
　　「マークは彼の家族の2人の息子の中で年長
だったので，父親の事業を引き継ぐことを期待
されている。」
(5) 同一人〔物〕の場合は，意味が最上級であって
も the をつけない。
　　「太平洋は，この地点が最も深い。」
(6) No (other)＋名詞（単数形）is 比較級 than A.
（Aより〜なものはない）＝No (other)＋名詞
（単数形）is so〔as〕原級 as A.
　　「『マッキンリー山より高い山は北米にない』
は，『マッキンリー山は北米で一番高い山であ
る』を意味している。」
(7) prefer A to B（BよりAのほうが好きであ
る）
　▶このA，Bは名詞か，〜ing形である。
　　「日曜日には，私の妹は，友人や隣人を訪問
するより家で読書をするほうを好む。」
(8) be superior to 〜（〜よりすぐれている）
　反 be inferior to 〜（〜より劣っている）
　▶この far は，superior を強調する副詞で「は
るかに」の意味。
　　「今年のコンピューターの性能は去年のモデ
ルよりもはるかにすぐれている。」
(9) the latter half of A（Aの後半）
　▶ともに late の比較級，最上級だが，latter,
last は「順序が遅い」ことを，later, latest は「時
間が遅い」ことを表す。
　　「この本の後半は前半よりもおもしろい。」
(10) twice as much＋不可算名詞＋as 〜（〜の2
倍の…）
　▶可算名詞の場合は，much を many にする。
　　「私は去年，私の給料がとても上がったので
嬉しかったが，前年の約2倍の税金を支払わな
ければならないとは知らなかった。」
(11) no less than 〜（〜（ほど）も）＝as many〔much〕
as 〜
　▶多いことを強調する。数えられる場合は，as
many as を，数えられない場合は，as much
as を用いる。
　　「彼には28人も子供がいたと言われてい
る。」
(12)「🔲 今回のミニ講義」を参照。
all the more〔better〕for A（Aのためにかえっ
ていっそう…）
　▶all は強意のための語で省略することもでき
る。

「私はトムを，彼の激しい業務ゆえにいっそ
う助けるつもりです。」
(13) none the＋比較級＋for …（…だからといっ
て，それだけ〜というわけではない）
cf. none the less for 〜（〜にもかかわらず）
　　「今日の若者の中には大学教育を受けている
からといって，賢明というわけではない者もい
る。」
(14) as 〜 as anybody〔any＋名詞〕（だれ〔どの…〕
にも劣らず〜）
　　「弘子はクラスで最も多くの外国映画を観て
いる。」
2
(1) as A as B（Bと同じくらいA）の形を用いる。
「A」の中に essential to 〜（〜に不可欠な）が
入る。
(2) the＋比較級＋S＋V〜, the＋比較級＋S＋V
…（〜すればするほど，それだけますます…す
る）
(3) know better than to＋原形（〜するようなば
かなことはしない）＝be not so foolish as to＋
原形
argue with 〜（〜と議論する）
3
(1) 最上級を強めるには，by far や much を the
＋最上級の前に置く。
　　「私たちはその会社がすべての中でずば抜け
て重要な顧客であると悟るようになった。」
(2) easy が原級なので，その意味を強めるには
very を用いる。
　▶much は比較級や最上級の意味を強める。
　　「あなたの随筆の要旨を立案することは，あ
なたに作業をするための基本的な構造を教える
ことになる。あなたは立案して取り掛かれば，
随筆を書くことがずっとたやすいとたぶんわか
るでしょう。」
4
(1) no more than 〜（わずかに〜だけ）＝only
　　「彼はたった2ドルしか持っていない。」
(2) be senior to 〜（〜より年上である） 反 be
junior to 〜（〜より年下である）
　▶この by は「〜だけ，〜の差で」の意味で，
これも頻出である。
　　「彼女は彼より3歳年上です。」
(3) the second＋最上級（2番目に〜）
　　「横浜は2番目に大きな都市です。」
5
(1) 骨組みとなる公式は，
This is one of the＋最上級＋複数名詞(that) S

have ever＋過去分詞〜.
（これはＳが今までに〜したうちで最も…なものの１つである）

(2) 骨組みとなる公式は，

Nothing is＋比較級＋than A.（Ａほど〜なものはない）＝Nothing is as〔so〕〜 as A.

今回のミニ講義

１ (12)について

all the more for A がなぜ「Ａのためにかえっていっそう」の意味になるのか。for A は「Ａのために」で，その意味はすぐに理解できる。しかし，比較級の more の前に付いている the はどのような役目をしているのか。

　実は，この the は冠詞ではなく副詞で，「（…のために）それだけいっそう〜」という意味になる。そして，この意味を強調するために，本問のように the の前に all を付けることがある。

　all the more for A の more を better にして all the better for A としても同意。このどちらかで出題されることが圧倒的に多いので，「(all) the＋比較級」の代表例として覚えておきたい。

　原因・理由を表す for A（Ａのために）の for のあとには名詞句が来るが，for 以外にも because of や on account of, owning to なども同用法で同じ意味に用いられる。for の代わりに because を使うと，because S＋V のように節が来ることになる。

　また，比較級のあとにこの for や because がない形もある。

If you start now, you will be back *the sooner*.
（今出発すれば，それだけ早く帰れるだろう。）

---

6 否 定　　　　　　(pp.12〜13)

解答

１ (1)③
(2) nor does she
(3) either
(4) much less
(5) if any
(6) suppose not
(7)① 　　(8) no more
(9) afford 　(10) from
(11) from 　(12) least

(13) but
２ (1) not until my father came home that
(2) cannot be too careful when you drive a car
(3) was the last man I expected to
(4) do not necessarily have a larger number
(5) many amusement parks, but not all of them are
(6) has nothing to do with what you're worried
３ (1) cannot〔can't / never〕, without
(2) as
(3) not, as
４ (1) fail
(2) vain

解説

１

(1)〜(2)　否定文に続いて，neither〔nor〕＋V＋S（Ｓも〜ない）
　▶肯定文の場合は，〈so＋V＋S〉。
(1)「私はこの国で暮らして全然楽しくない。私の夫も同様だ。」
(2)「コニーは一度も犬を飼ったことがないし，今犬が欲しいとも思っていない。」
(3)　not 〜(,) either.（〜もまた…ない）
　▶否定文では too や also は使えない。
　「私はジョージがパーティーに遅れて来ることを知っていたので，私も定刻には行かなかった。」
(4)　否定文, much〔still〕less 〜（…，まして〜でない）
　▶肯定文の場合は，肯定文, much〔still〕more 〜（…，まして〔なおさら〕〜である）となる。
　「彼はいつも思い通りにする。友人の言うことは聞かない，まして対立者の言うことはなおさら聞かない。」
(5)　little〔few〕, if any（たとえあるとしてもほとんどない）
　「彼女が回復する見込みはたとえあるとしてもほとんどない。」
(6)　not はこれ１語だけでも否定を表す節の代用をすることができる。
　（＝I suppose (that) he is not coming to the party today.）
　「トムは今日，パーティーに来るかな。」
　「彼は来ないと思うね。病気だから。」
(7)　be second to none（だれ〔何物〕にも劣らな

い）

　「私のいとこは時間の管理においてはだれにも負けない。」

(8)　A is no more B than C is.（AがBでないのは，CがBでないのと同じである）＝A is not B any more than C is.

　「私はあなたと同様にこの話題には興味がないのです。」

(9)　cannot〔can't〕afford to＋原形（～する余裕がない）

　「私はこのような高価なコンピューターを買う余裕はない。」

(10)　be free from〔of〕～（（いやなものなど）がない）

　「その手術はまったく危険がありません。」

(11)～(13)　far from（being）～（決して～でない）＝not in the least～＝by no means～＝not（～）at all＝anything but～

　▶これらはすべて never の意味になる。

(11)　「ベティの日本語の理解力は決して完全ではない。」

(12)　A：「あなたは新任教師のジョンソン氏を知っていますか。」

　　　B：「実は，私は彼のことをまったく知らないのです。」

　▶ actually は相手の困惑や驚きなどを和らげるために用いられる語で，ソフナー（softener）と呼ぶ。実質的に意味を持たないことが多い。

(13)　「その家は住むにはまったく快適ではない。」

2

(1)　It is not until〔till〕A that～（Aして初めて～する）

　▶出題は not until のところ以外に that の部分も最近増加中である。

(2)　cannot be too～（いくら～してもしすぎることはない）

　▶ cannot があるからといって無理に「～できない」と和訳しようとすると，正しい訳が逃げてしまうので，cannot にこだわらないこと。

(3)　the last man〔person〕that S＋V～（最も～しそうにない人）

　▶この that は関係代名詞で省略することもできる。また，that 節以外に to＋原形の形もとることができる。「📖🔍今回のミニ講義」を参照。

(4)　not necessarily（必ずしも～とは限らない）＝not always 部分否定

　▶つづりに注意！　necessary ではない。

(5)　問題の日本文では，not all（全部が～というわけではない）という部分否定の訳を伏せてい

る。整序問題では，このような出題もあることを押さえておこう。

(6)　have nothing to do with ～（～とまったく関係がない）

　▶ nothing を something にすると「～といくらか関係がある」，much だと「～と大いに関係がある」となる。

3

(1)　cannot〔can't / never〕… without ～ing（…すれば必ず～する）

　▶否定語が2つ含まれているので，この形を**二重否定**と呼ぶ。後半部に節がくる場合は，never … but S＋V～の形になる。次の文で頻出。It never rains but it pours.（降れば必ず土砂降り）《ことわざ》

　「私はこの歌を聞くと必ず私の祖母を思い出す。」

(2)　no less ～ than A（Aに劣らず～で，Aと同様に～）＝as ～ as A

　「冬には，スカンジナビアの国々と同様に日本では寒い。」

(3)　A rather than B（BというよりむしろA）＝not so much B as A＝more A than B

　「トムもディックもなまけているというよりもむしろ楽天的なのだ。」

4

(1)　not〔never〕fail to＋原形（必ず～する）

　▶これも二重否定の一種と考える。

(2)　in vain（むだに）

　▶ only to＋原形との言い換えでも頻出。

📖🔍 **今回のミニ講義**

2(3)の the last man〔person〕(that) S＋V～は「～する最後の人」が直訳で，ここから「最も～しそうにない人」という否定の意味になった。**物**の場合は the last **thing** to＋原形で「最も～しそうにないこと」となる。強い否定の意味として毎年必ず出題されている。

復習問題 ❶　　(pp.14～15)

✓ **解答**

1　(1) than, so
　　(2) No other
2　(1) neither do I drink
　　(2) The moment
　　(3) have risen

(4) the more interesting
(5) leaves
(6) your taking
(7) might as well
(8) told
(9) will have been
(10) how to make it
(11) has been
(12) still less
(13) had never seen
(14) better

3 (1)④ （had seen にする）
(2)③ （ever にする）
(3)① （much にする）
(4)② （to にする）

4 (1) my teacher all the better for her
(2) mother works harder than anybody else in
(3) cannot be too careful when you
(4) not until evening that Ted recognized how serious the situation was

解説

1
(1) 「幸福は富よりもむしろ満足にある。」
(2) 「この地域では，この池が最も大きい。」

2
(1) 「私はタバコはすわないし，お酒も飲まない。」
(2) 「私は店でその可愛い子犬を見た途端，ペットとして購入することを決めた。」
(3) 「近年，税金はヨーロッパにおいては他の所よりも速い割合で上がった。」
(4) 「私は生物学の勉強をすればするほどますますそのことがおもしろくなった。」
(5) 「いったん列車が都市を出ると，私たちは電話を使うことができなくなるだろう。」
▶ once S＋V～（いったん～すると）の節内は，「時・条件を表す副詞節のルール」に準じて現在（完了）形になる。
(6) A：「私はあなた方がここでの滞在を楽しんでくださったことが嬉しいです。」
B：「私は私たちみんなのためにあなたがお時間をとってくださったことに感謝します。」
(7) A：「ジョンはいつも友人にお金を無心してばかりいる。」
B：「きみは彼にお金を貸すくらいなら捨てた方がましだよ。」
(8) 「彼女は私に娘さんの結婚のことを話した。」

(9) 「2015年の6月15日には，メアリーは25年間，スプリングタイム花屋に勤めていることになる。」
(10) 「彼女はそれの作り方を説明した。」
(11) 「私が大阪に引越してから10年経つ。」
(12) 「彼は数学についてはほとんど知らない，まして化学はなおさらだ。」
(13) 「ロメオが初めてジュリエットに会ったとき，彼はそれまで彼女ほど美しい少女に会ったことは一度もないと思った。」
(14) 「彼はそんなことを信じるほどばかではない。」

3
(1) 「部屋へ入ったとき，私は以前にその絵を見たことがあっただろうかと思わずにはいられなかった。」
▶ cannot help but＋原形～は「～せずにはいられない」という意味。
(2) 「その値段にもかかわらず，店内のすべてのアイパッドは売り切れていた。そしてこれは，私の祖父ががっくりして電子機器の店を出るのを私が見た最初の時である。」
(3) 「マッキー氏は他のだれよりも偉大である。あなたは彼を知れば知るほどますます彼のことを尊敬するようになるだろう。」
(4) 「彼女は湖のそばにある町の中央の大きな教会で，この前の秋にボーイフレンドと結婚した。」

4
(1) all the＋比較級＋for～（～のためにかえっていっそう）を用いる。
(2) 比較級＋than anybody else（他のだれよりも～）の形になる。
(3) cannot be too～（どんなに～してもしすぎることはない）を用いる。
(4) It is not until A that～（Aして初めて～する）の構文を使う。

7 不定詞 (pp.16～17)

解答

1 (1) It, of   (2) too, to
(3) sure   (4) All, to

2 (1) is used
(2) make him to （to が不要）

3 (1) to have left it
(2) expect
(3) encouraged

11

（4）so as not to be
（5）choice　　（6）but
（7）swim in　　（8）to
（9）only　　　⑽Needless
⑾know　　　⑿carry
⒀say　　　　⒁to
4　②
5　（1）a rule not to speak ill of
　　（2）next meeting is to be held on October 1

👤**解説**

1

（1）It is＋**人の性質を表す形容詞＋of A**＋to＋原形（Aが～するとは…だ）〔forではない点に注意！〕
　「バスの中に財布を置き忘れるとは彼女は不注意だった。」
（2）「彼には自尊心があるのでいかなる報酬も受け取らなかった。」
（3）don't〔never〕fail to＋原形～（必ず～する）＝be sure to＋原形
　「約束の時刻までには必ずここへ来なさい。」
（4）You have only to＋原形～（あなたは～しさえすればよい）＝All you have to do is（to）＋原形～
　「きみは私が言うことを暗記しさえすればよいのだ。」

2

（1）is used なら，次のようにならなければいけない。
　be used〔accustomed〕to ～ ing（～するのに慣れている）〔ing形に注意！〕
　「飛行機旅行は結局は割安になるのは当然だ〔ought to〕〔らしい（seems）／とわかる（turns out）／はずだ（is sure）〕。」
（2）「今回のミニ講義」を参照。
　get＋人＋to＋原形～（人に～してもらう，～させる）＝have＋人＋原形
　make A＋原形～（Aに～させる）
　▶make A のあとは原形不定詞。
　「彼に窓を修理してもらおう〔get him to, have him〕／窓を修理するために彼に中へ入ってもらおう〔have him in to〕／彼に窓を修理させよう〔make him〕。」
　▶make を用いると，「強制的に～させる」の意味になる。

3

（1）完了不定詞（to have＋過去分詞）は，文の述語動詞よりも「前」であることを表す。

「彼女はきみが言ったことに傷ついたのだ。きみはそれを言わないでおいた方が賢明であっただろうに。」
（2）expect A to＋原形～（Aに～してほしいと期待する）
　「私は本当は彼にその会議に出席してほしくないが，彼にそこにぜひいてほしいと期待しています。」
（3）encourage A to＋原形～（A（人）を～するよう励ます，仕向ける）
　反 discourage A from ～ing（A（人）に～するのを思いとどまらせる）
　「私の父は，経済学を研究するためにロンドンへ行くよう私を励ました。」
（4）so as not to＋原形（～しないように）＝in order not to＋原形～
　▶not をとると，「～するために」の意味になる。
　「上司はルパートに，他人に聞かれないように低い声で商品開発のための最新の調査計画について語った。」
（5）have no choice but to＋原形～（～するよりほかに仕方がない）＝There is nothing for it but to＋原形～
　▶cannot help ～ing や cannot but＋原形とほぼ同意。
　「私はきのう，最終バスに乗りそこなったので，家までタクシーに乗るよりほかに仕方がなかった。」
（6）do nothing but＋原形～（～ばかりしている）nothing but＝only
　「あなたは1日中文句ばかり言っている。」
（7）[考え方] It is dangerous to swim ⓘ this river / in summer. とすると in が2つ必要なことがわかる。
　「この川は夏に泳ぐには危険である。」
（8）asked him to **stop smoking**（彼に喫煙をやめるように頼んだ）の to 以下を省略して to だけを残した形（これを代不定詞という）。
　「彼は妻や子どもたちが彼に頼んだので喫煙をやめた。」
（9）…（,）only to＋原形～（…したが結局～したにすぎない）「結果」を表す不定詞。
　「私はおばに会いに北海道からはるばるやって来たが，彼女が引越しているのがわかったにすぎなかった。」
⑽needless to say（言うまでもなく）《独立不定詞》
　▶慣用表現として覚えること。It goes without saying that ～（～は言うまでもないことだ）

12

への言い換えは頻出。

「ジョンは昨年，講座の多くをしくじった。言うまでもなく彼はもっと熱心に勉強すべきである。」

⑾　let A＋原形（Aに～させる）
▶「～するのを許す」の意。
「リー氏は支配人に販売利益を知らせるために毎月，報告している。」

⑿　(help の用法) help A (to)＋原形～（A(人)が～するのを手伝う），help A with B（A(人)のB(仕事など)を手伝う）
「数人の親切な学生が，私が重いイスを外へ運び出すのを手伝ってくれた。」

⒀　hear A＋原形～（Aが～するのが聞こえる）
「私たちは工場当局が何百回もこれらのことを言うのを聞いたことがある。」

⒁　to だけで不定詞の役目をする場合，これを代不定詞という。（＝I'll be glad to teach you some judo tricks.）
A：「私に柔道の技を教えてくれませんか。」
B：「喜んでお教えしますよ。」

4
「🗨✍今回のミニ講義」を参照。
「私は半年であなたが英語を話せるようにしますよ。」

5
⑴　make it a rule not to＋原形（～しないことにしている）
▶この it は形式目的語で to 以下をさす。not をとると，「いつも～することにしている」の意味になる。

⑵　be to＋原形の形を「be to 不定詞」といい，次のような意味がある。
①予定「～することになっている」
②当然・義務「～すべきである」（be to ＝ should，ought to）
③命令「～しなさい」（be to ＝ must）
④可能「～できる」（be to ＝ can）
▶この場合，be to be＋過去分詞の形になることが多い。
Nobody was to be seen in the room.（部屋にはだれも見えなかった）
⑤運命「～する運命になっていた」
▶通例，過去形の文で用いられる。
⑥意図「～するつもりである」（be to ＝ want to，intend to）
▶通例，if 節内で用いられる。

🗨✍今回のミニ講義
2(2)における have＋人＋原形と get＋人＋to＋原形は同意だが，**to の有無**には要注意。
☆このようにどのような形があとにくるかが問われる。ココが得点源になる！
4 について
have A ～ ing（Aに～させる，させておく）に注意！この～ ing は現在分詞。この表現は増加傾向。make〔let〕A＋原形（Aに～させる）は have＋人＋原形と同じく，to は不要。
allow〔permit〕A to＋原形（Aが～することを許す）は to 不定詞がくる。

---

8 不定詞・動名詞　　　(pp.18～19)

📝 **解答**

1　⑴ ordering　　⑵ to know
　　⑶ refused　　⑷ being kept
　　⑸④　　⑹ hesitate
　　⑺④　　⑻ us singing
　　⑼ visiting
　　⑽ to complete
　　⑾ having
　　⑿ listening to
　　⒀②　　　　⒁⑤
　　⒂ to drive
2　⑴ but
　　⑵ help
3　③
4　hope

👤 **解説**

1
⑴～⑹　「🗨✍今回のミニ講義」を参照。
⑴　「その町は大量の通行を改善させるために新しいバスを発注しようと考えている。」
⑵　「私はきみがすべてのことを知っているふりをするとき，本当にそれが嫌いだ。」
⑶　「総理大臣は，国際会議で質問に答えるのを拒んだ。」
⑷　「私はかなりのんびりとした男なので，たいてい待たされるのはいやではない。」
⑸　「私はフルートを演奏するのを学ぼうとするのをやめた。それは私には難しすぎる。」
⑹　「もしあなたにこの件に関して何か質問がおありなら，たずねるのをためらわないでください。」

(7) regret having＋過去分詞（～したことを後悔する）

　▶ regret ～ing でもこの意味になる。regret to＋原形の形もあるが，「残念ながら～する」という意味になる。

　　「彼は音楽（の世界）に入らなかったことをひどく後悔した。」

(8) remember ～ing（～したことを覚えている）

　▶動名詞（～ing形）の前に意味上の主語を置くことができる。通例，所有格または目的格で表される。

　cf. remember to＋原形（忘れずに～する）

　　「私は3年前，何時間もの間，私たちがいっしょにたくさんの歌を歌ったことを覚えている。」

(9) forget ～ing（～したことを忘れる）

　　「私は若い時に甲府を訪れたことを決して忘れません。」

(10) forget to＋原形（～するのを忘れる）

　　「私の先生は，私が時間に間に合って宿題を仕上げるのを忘れたので怒っている。」

(11) 「今回のミニ講義」を参照。

　suggest ～ing（～することを提案する）

　▶ suggest to＋原形の用法は不可。

　　「ポールはビッキーが家へ戻ってきたら，彼女のためにパーティーをしようと提案した。」

(12) be worth ～ing（～する価値がある）

　　「この交響曲は本当の傑作だ。私はそれは何度もくり返して聞く価値があると思う。」

(13) (8)の *cf.* を参照。every other day（1日おきに）→day（単数形）に注意。

　　「私がいない間，忘れずに金魚に3日ごとにエサを与えてください。」

(14) 「今回のミニ講義」を参照。

　　「フレッドは社長に話しかけるのを避けた。」

(15) 「今回のミニ講義」を参照。

　　「村へは1日にたった2本の列車しかなかったので，私たちは待つかわりに車を運転していくことを決心した。」

2

(1)～(2) cannot but＋原形～（～せざるをえない）
＝cannot help ～ing

注この2つを混合させた cannot help but＋原形も同意《米口語》。最近頻出

3 「今回のミニ講義」を参照。

enjoy のあとは必ず～ing 形か名詞。

object to ～ing（～するのに反対する）

① 「きみは彼がタバコをすうことに反対ですか。」

② 「私は彼に会うのを避けられなかった。」

④ 「私は彼に会うよりほかなかった。」

⑤ 「私は事故でけがすることを免れた。」

4 「今回のミニ講義」を参照。

hope は動名詞を目的語にとらない。正しくは hope to＋原形（～することを望む）の形。

　　「私は朝早くテニスをしている(am)〔するのを好まない(dislike)／して楽しんだ(enjoyed)／することが好きである(prefer)〕。」

今回のミニ講義

1 (1)～(6)，(11)，(14)，(15)，**3 4** について
☆動名詞だけを目的語にとる動詞
consider（よく考える），**mind**（いやに思う），**avoid**（避ける），escape（免れる），**enjoy**，**finish**，miss，stop，give up，admit（認める），put off，postpone（延期する），regret（後悔する）など。
suggest（提案する）も **suggest ～ ing** の形をとり，suggest to＋原形は不可。

- -

その逆に
☆不定詞だけを目的語にとる動詞（その動詞のあとが必ず to＋原形になるもの）
pretend（～するふりをする），**manage**（やっとのことで～する），**hesitate**（ためらう），**hope**，**refuse**（拒絶する），plan（計画する），mean（～するつもりである），**expect**，**decide**，**want**（～したい），wish，desire，**promise**（約束する）など。
■太字のものは特に頻出なので覚えること。ココを押さえるだけで大得点 up！になる。

---

9 動名詞　　　　　　　　　　*(pp.20～21)*

解答

1 (1) seeing

　(2) my smoking

　(3) to eating

　(4) fixing

　(5) ①

　(6) to learning

　(7) view to selling

　(8) exploring

　(9) imagine him going

　(10) difficulty

　(11) to our calling

　(12) ③

2 (1) step behind when it comes to new

(2) no telling how the technology, will

(3) It goes without saying that health is above wealth.

(4) used to persuading, to help, without

(5) are accustomed to driving for

3 (1) feel like

(2) her not having answered

(3) use〔good〕asking

4 (1)③ （before exploring にする）

(2)② （to studying にする）

5 (1) so much as

解説

1

(1) 動名詞（〜ing）は前置詞の目的語として用いられる。

She passed by without noticing me.（彼女は私に気づかずにそばを通りすぎた。）

▶動名詞の意味上の主語は所有格または目的格（名詞の場合はそのまま）を動名詞（〜ing）の直前に置く。

「私が家へ帰ったときは遅かったが，何とかうまく母に見られずに自室にたどりついた。」

(2) mind 〜ing（〜するのをいやと〔迷惑に〕思う）意味上の主語については(1)を参照。

「たばこをすってもよろしいですか。」

▶「私が喫煙するのは，おいやですか。」の意味なので，「いやではない」ことを表す（「いいですよ。」と返答する）場合は，No, not at all. とする。Yes, I do. だと，「いや，困ります。」の意味になるので，注意。

(3) What do you say to 〜ing?（〜してはどうですか。）

▶ do の代わりに would を用いると丁寧な言い方になる。

= How〔What〕about 〜ing? = Why don't you + 原形〜? = Why not + 原形〜?

「今夜，私のところで何かを食べてはどうですか。」

🈲疑問文中でも，相手の yes の返事を期待する場合や，勧誘・依頼を表す文では，any ではなく some を用いる。本問の something もこれにあたる。

(4) 🈩 + need〔want／require〕〜ing（〜する必要がある）この〜ing は「〜されること」の意。

「たいていの人は，私たちの年金制度は破綻していて，修正する必要があるということに同意見である。」

(5) on〔upon〕〜ing（〜するとすぐに）

「その知らせを聞くとすぐに，彼女は心の中で声を出さずにほほえんだ。」

(6) look forward to 〜 ing（〜するのを楽しみに待つ）←この形に注意！

「すべての海外からの学生たちは，京都での滞在中に日本の習慣について学ぶことを楽しみにしている。」

(7) with a view to 〜 ing（〜するために）= for the purpose of 〜ing

「彼は売る目的でその家にペンキを塗っている。」

(8) be busy (in) 〜ing（〜するのに忙しい）

「我々の宇宙はまだ青年期であるけれども，理論家たちはその究極的運命の探求に忙しい。」

(9) imagine A('s) 〜ing（Aが〜することを想像する）

「私は彼が海外へ行くなんてほとんど想像できない。」

(10) have〔find〕difficulty (in) 〜ing（〜するのに苦労する）

cf. have no difficulty (in) 〜ing（楽に〜する）

「恭子は先日私の家を見つけるのに苦労した。」

(11) object to 〜ing（〜することに反対する，いやがる）

▶ I have no objection to the decision.（私はその決定に異議はない）のように objection（反対）という名詞になっても，そのあとには to が続く。

「たいていのアメリカ人は，私たちが下の名で彼らを呼ぶのをいやがらない。」

(12) insist on〔upon〕〜ing（〜することを強く要求する）

「私の妹は，私が自分でその問題を解決するように強く要求した。」

2

(1) when it comes to 〜 ing〔名詞〕（〜ということになると）←この形に注意！

(2) There is no 〜 ing（〜することはできない）= It is impossible to + 原形

(3) It goes without saying that 〜（〜は言うまでもない）= It is needless to say that 〜

(4)〜(5) 「🖉今回のミニ講義」を参照。

3

(1) feel like 〜ing（〜したい気がする）= feel〔be〕inclined to + 原形

「私は今日は外出したくない。」

(2) 完了動名詞（having + 過去分詞）を用いる。所有格〔目的格〕+ not + having + 過去分詞の形

にする。

「私は彼女がもっと早くあなたの手紙の返事を出さなかったことを残念に思う。」

(3) It is no use〔good〕～ing（～してもむだである）

「彼女に少しのお願いをしてもむだだ。」

4

(1) before ～ing（～する前に）前置詞のあとなので動名詞にする。

「私たちは月の表面を探検する前に4時間の睡眠をとろうということになっている。」

(2) devote A to B（AをBにささげる）

▶ A，Bは名詞か～ing 形。

「長い間，彼女は自分の全精力を文学と舞台芸術の研究にささげてきた。」

5

without so much as ～ing（～すらせずに）

cf. cannot + so much as + 原形～（～すらできない）

今回のミニ講義

2 (4)～(5)について

☆ to のあとが原形でなく，to + ～ing の形になるものは入試頻出なので要注意。

I <u>am</u> used to **getting** up early.
（私は早く起きることに慣れている。）
I used to visit her on holidays.
（私は休日にはよく彼女を訪問した。）

be used to + ～ ing〔名詞〕
be accustomed to + ～ ing〔名詞〕はどちらも「～に慣れている」という意味。

❢ used to + 原形（よく～した，以前は～した）と区別すること。be動詞の有無が決め手。既出の問題以外では，devote oneself to ～（～に専念する）なども to + ～ing〔名詞〕の形をとる。

He devoted himself to study(ing).
（彼は研究に没頭した。）

---

10 分 詞 (*pp.22～23*)

解 答

1　(1) grown　　(2) crossing
　　(3)④　　　　(4) writing
　　(5) waiting　　(6) informed
　　(7) taken　　(8) arms folded
　　(9)①　　　　(10) said
　　(11) bored　　(12) interesting

(13) excited　　(14) relaxed
(15) seated　　(16) standing
(17) heard　　(18)③
(19) known　　(20) skiing in

2　(1)④
　　(2)②

解説

1

(1) 「農場で育てられた野菜」名詞 + 過去分詞 + 修飾語句（on the farm）の語順になる。過去分詞は「～された〔されている〕」の意味を持つ。本問の過去分詞は，前の名詞を修飾する形容詞の働きをしている。

「メアリーはとても健康によい食事をした。彼女は農場で育てられた野菜だけを食べた。」

(2) see A ～ing（Aが～しているのを見る）

▶ see A + 原形（Aが～するのを見る）は，「動作の一部始終を見る」の意だが，see A ～ing は「～しているところを見る」の意である。

cf. catch A ～ing（Aが～しているところを見つける）

❢ catch A to + 原形は不可。

「私はスミス夫人が通りを渡っているのを見た。」

(3) have ⎱ + ㊥ + 過去分詞（㊥を～される，して
　　get ⎰　　　　　もらう）

「あなたはスーツをどこへ作ってもらいに行ったのですか。」

(4) spend A ～ing（～してA（時）を過ごす）

「彼女は推理小説を書いてすべての暇な時間を過ごす。」

(5) keep + ㊢ + waiting（㊢を待たせておく）

「マイクは昨夜，何時間も私を待たせた。」

(6) keep A + 過去分詞（Aを（ずっと）～の状態にしておく）keep A informed of B（AにBを知らせ続ける）

「インターネットは私たちに世界の出来事を知らせ続ける。」

(7) need A + 過去分詞（Aを～してもらう必要がある）

▶ Aと過去分詞の間には受け身の関係（～される）がある。

「私は今，すべてのイスを事務所へ持って行ってもらう必要がある。」

(8) with A + 過去分詞（Aを～して）

▶ Aと過去分詞は受け身（～される）の関係がある。

cf. with one's eyes closed（目を閉じて）with one's eyes <u>shining</u>（目を輝かせて）

「彼女は腕を組んでベッドに横たわり，すぐに寝入った。」

(9) hear A＋過去分詞（Aが〜されるのを聞く）
Aと過去分詞の間には受け身の関係がある。
「ボブは自分の名前が呼ばれるのを聞くまで長い間，そこにすわっていた。」

(10) hear it said that 〜（〜と言われるのを聞く）
「私たちは日本人はよく働くと言われるのをよく聞く。」

(11)〜(14) 「今回のミニ講義」を参照。

(11) 「その小説はとてもわくわくしたので，私は初めから終わりまで決して退屈しなかった。」

(12) 「私が今日の英語の授業で読んだ物語は，本当に私にとって興味深かった。」

(13) 「私は本当にきたるべき休暇にわくわくしている。私たちはハワイへ行く予定だ。」

(14) 「私は長期休暇から自宅へ戻ったとき，いつもくつろいだ気分になる。」

(15) remain 〜（〜のままである）
be seated（すわる），remain seated（すわっている）
「バスが完全に停車するまで，すわっていてください。」

(16) remain standing（立ったままでいる）
「彼はそこへ行くのに途中ずっと立ったままでいるように言われた。」

(17) make oneself heard（自分の声を相手に届かせる）
「教室がとても騒がしかったので，その先生は自分の声を相手に聞かせることができなかった。」

(18) make oneself understood（自分の言うことを相手にわかってもらう）
「外国語で自分の言うことを相手にわかってもらうことは，いつも難しい。」

(19) make A＋過去分詞（Aが〜されるようにする）
「新しい工場の計画をすべての従業員に知らせることが必要である。」
▶ make all the employees know the plan for the new factory
　　　　　　　　　　　　　　原形
（すべての従業員に新しい工場の計画を知らせる）と比較してみよう。これは make A＋原形（Aに（強制的に）〜させる）であるため，混同しないように注意すること。

(20) go 〜ing（〜しに行く）は前置詞に注意する。
▶前置詞は「〜に」でも to ではない。
go swimming in the lake（湖へ泳ぎに行く）
go shopping at Kyobashi（京橋へ買い物に行

く）
「彼女は来春，大学を卒業する前にカナダへスキーをしに行く案を立てている。」

2

(1) have＋物＋過去分詞（物を〜してもらう，される）の形になっているものを選ぶ。

(2) 「今回のミニ講義」を参照。
ポイントは disappoint の用法。The way（やり方，方法）が主語になるので，disappointing となる。選択肢の④は，We are quite disappointed であれば正解となるところ。

11 分詞構文　　　　　(pp.24〜25)

✓ 解答

1 (1) believing　　　　(2) seated
(3) Considering　　(4) considered
(5) heated　　　　 (6) speaking
(7) being
(8) being done
(9) not knowing
(10) Given
(11) Built
(12) Based on
(13) permitting　　　　(14) ③
(15) Having watched
(16) ④
(17) ④
(18) the case

2 (1) ①（Seen にする）
(2) ①（Compared にする）

解説

1

(1) 考え方 ____ that Juliet was dead, Romeo decided to kill himself. と置きかえてみる。

「ロメオはジュリエットが死んだと信じたので，自殺することを決意した。」

(2) be seated で「すわる」（＝seat oneself）の意なので The hostess, (being) seated at ～となる。

「その女主人はテーブルの端にすわり，満面の笑みをたたえていた。」

(3) considering ～（～を考えると，～の割には）《慣用的独立分詞構文》

▶ considering one's age（年齢の割には）＝for one's age でもよく出題される。

「あなたがもう 20 年間日本で暮らしていることを考えると，日本語を話すのが上手になったはずだ。」

(4) all things (being) considered（すべてを考え合わせてみると）《慣用的独立分詞構文》

「すべてを考え合わせてみると，彼はかなりよい夫だ。」

(5) 「📖 今回のミニ講義」を参照。

「この食べものはオーブンで 3 分間温めるだけで食べられます。」

(6) generally speaking（一般的に言えば）《慣用的独立分詞構文》他に，frankly speaking（率直に言えば），talking〔speaking〕of ～（～と言えば）などもある。

「一般的に言って，九州の気候はおだやかです。」

(7) There was no available information on the crime, so〔and〕～.

または，As there was no available information on the crime, ～の下線部の接続詞をとって分詞構文にするには，was を being に変える。

「その犯罪に関する入手できる情報がまったくなかったので，警察はマスコミに協力を求めた。」

(8) 文と文をつなぐ接続詞がないので，分詞構文を選ぶ。～ , and most of the work is done by robots.
接続詞

接続詞の and をとり，is を～ing形にする。この～ing の中に接続詞の意味が吸収されると考える。

「工場で働いている人はほとんどいない，そして，仕事のほとんどはロボットによってなされている。」

(9) 否定の分詞構文は，not＋分詞（～ing）の形になる。

▶これは頻出なので，not knowing ～（～を知らなかったので）を，このまま覚えてしまうこと。

「エレナは，情報をどこへ求めるべきか知ら

なかったので，どこで得られるかを同僚にたずねた。」

╭S＋V～ がくる。

(10) given (that) ～（～を考慮に入れると，もし～であれば）

▶ given は本問のように前置詞としてもよく使われる。given her inexperience（彼女の未熟さを考えれば）

「ひどい天候を考えると，私はかなり多くの学生が遅刻するだろうと思った。」

(11) When it（＝the castle）was built in 1480（それ（その城）が 1480 年に建築されたとき）の下線部の接続詞をとり，分詞構文に変える。主節と一致している主語の it をとり，was を分詞（～ing形）に変える。Being built in 1480 となり，Being は省略することができるので，Built in 1480 ができあがる。

「1480 年に建てられたとき，その城は，初めは王の偉大な権力の象徴として機能していた。」

(12) Based on ～（～に基づけば，基づいているので）

▶ be based on ～（～に基づいている）を分詞構文化した表現。

「ある理論に基づくと，私たちはいつかお互いの考えを読み取ることができるようになるだろうと専門家は言っている。」

(13) Weather permitting（天候が許せば，天気が良ければ）＝If (the) weather permits

「天候が許せば，私たちは今週末，びわ湖へボートをこぎに行く予定です。」

(14) If other things **are** equal の分詞構文形。

「他の条件が同じであれば，一番簡単な説明が最もよい。」

(15) 「having＋過去分詞」の形の完了形分詞構文は，主節の述語動詞の表す時よりも前の時を表す。

「以前にその映画を観たことがあったので，ジェーンは私たちと一緒に劇場に行きたがらなかった。」

(16) bring up ～は「～を育てる」，「S は～で育った」は「S は～で育てられた」で，S was brought up in ～ の形になる。これを分詞構文にする場合，主節の述語動詞が表す時よりも以前の時を表すことになるので，受動態の完了形分詞構文（having been＋過去分詞）の形になることに注意する。

「小さな村で育ったので，私の夫は今なお，速いペースの都会に順応するのに苦労している。」

⑰ 考え方 After seeing the movie に省略されている主語を考える。「映画を見る」のは？

「その映画を見たあとで，多くの人々はその本を買いたくなった。」

⑱ such being the case（こういう事情なので）《独立分詞構文》= as such is the case

「こういう事情なので，あなたが彼のまちがいを大目に見てほしいと思います。」

2

⑴ 「今回のミニ講義」を参照。

「丘の頂上から見ると，その車は小さなアリがとてもすばやく動いているように見えた。」

⑵ compared with 〜（〜と比較すると）

「白人と比べると，マオリ族はヨーロッパの病気に対して免疫を持っていなかったので，彼らの数は急速に減少した。」

今回のミニ講義

1（5）の空所内は it（= this food）is heated「それ（= この食べもの）が温められる」で，やはり受け身の形なので過去分詞が正解となる。

2（1）について

When they（= the cars）are seen from the top of hill,「それら（車）は丘の頂上から見られると」

この文の主語は the cars で人間ではない。もし人間なら目がついているので When Ⓐ see 〜でこれを分詞構文にすると Seeing 〜となる。つまり，物が主語のときは物に目がついていないので「物は見られる」というように受け身になるのである。

分詞構文において，文の主語が物の場合は受け身になるので過去分詞を選ぶ，と覚えておくとよい。

---

12 態 *(pp.26〜27)*

解答

1 ⑴ was told
⑵ to enter
⑶ to sign
⑷ going
⑸ was kept waiting
⑹ is known
⑺ will be accepted
⑻ has been restricted
⑼ had already been

⑽ being developed
⑾ will have been polluted
⑿ supposed
⒀ in
⒁ to by
⒂ is concerned with
⒃ be reminded
⒄ being felt
⒅ to be seen

2 ⑴ nothing to be desired as far as content is concerned
⑵ remains to be seen how modern society
⑶ was believed to be the oldest

3 ⑴② （repaired にする）
⑵② （considered にする）
⑶② （to wait にする）

解説

1

⑴ by my mother「母によって」から「〜するように言われた」という文意を想定する。受動態の基本形は「be 動詞 + 過去分詞」。

「私は昨日，母に自分の部屋をそうじするように言われた。」

⑵〜⑶「今回のミニ講義」を参照。

⑵「彼は事務所へ入るのを見られた。」

⑶「私は意志に反してその文書に署名させられた。」

⑷ be seen 〜ing（〜しているのを見られる）

「彼は友人とコーヒー店へ入っていくところを見られた。」

⑸ be kept waiting（待たされる）

▶ keep A waiting（A を待たせておく）の受動態の形。

「私は長い間，玄関で待たされた。」

⑹ as 〜「〜として」

「今日，彼は偉大な学者として世界中に知られている。」

⑺ that 節の S は the plan すなわち物なので受け身にする。また，the plan は単数形なので **have** been accepted は不可。

「その計画が受け入れられる見込みはまったくない。」

⑻ 現在完了形の受動態は「have〔has〕been + 過去分詞」になる。

▶ 現在完了形の間に been を入れたものと考えれば覚えやすく，忘れにくい。

「喫煙は公共の場所では制限されてきてい

る。」

(9) When I got home から判断して got（過去形）より前の時を表す過去完了の受動態を選ぶ。

「私が家に着いたとき，郵便はすでに配達されていた。」

(10) these days（この頃）と空所の前の are（be動詞）をヒントにする。物が主語なので受動態になると判断できる。現在進行形の受動態は「be動詞＋being＋過去分詞」。

「この頃新型の携帯電話が日ごとに開発されている。」

(11) 「今世紀の終わりまでには」とあるので，未来のこととわかる。未来完了形の受動態は「will have been＋過去分詞」の形になる。

「今世紀の終わりまでには，世界の海岸は違法に捨てられた産業用の廃物によって汚染されてしまっているだろう。」

(12) be supposed to＋原形（～することになっている）

▶ be not supposed to＋原形だと，「～してはいけないことになっている」の意味になる。

「私は申し込み書を書き終えました。私はそれを誰に渡せばよいのですか。」

(13) be caught in a shower（にわか雨にあう）

「ぼくは家へ帰る途中，にわか雨にあった。」

(14) Foreigners **speak to** me.（外国人が私に話しかける。）が元の文。speak to の to は受け身でも残す。

「私はときどき通りで外国人に話しかけられる。」

(15) be concerned with ～（～に関係している）

「地理学は地球とその気候，生産物，および住民に関する学問である。」

(16) be reminded of ～（～を思い出す）＝ remember ～

▶ remind は「～を思い出させる」の意味なので，be reminded of ～と受け身形になると，「～を思い出す」となる。

「私はその悲しい事故のことは思い出したくない。」

(17) (10)の解説を参照。

「日本人の間には，インフレが今でも，とても強く感じられている。」

(18) 「人前で見られる」のであって，「ルイーズが見る」のではない。この点を押さえればO.K.。

「ルイーズはあまりに誇り高いので，化粧をほどこさずに人前で見られることができない。」

2

(1) leave nothing to be desired（申し分ない）

慣用表現なので，このまま覚えるとよい。

as〔so〕far as S is concerned（Sに関する限り）

(2) remain to be＋過去分詞（まだ～されていない）

(3) be believed to be ～（～であると信じられている）の形にする。

3

(1) need to be＋過去分詞（～される必要がある）＝ need ～ing

「築30年になるその橋は修理される必要がある。しかし，地元政府には十分なお金がない。」

(2) 主語は English で前に be動詞 is があるので「考えられている」という受け身になる。よって，～ and is now considered とすべきである。

「英語は，英国起源で今や世界語と考えられており，多くの国々では主要な言語としても話されている。」

(3) 「待たされた」という受け身なので，were made to wait としなければならない。

「その場所は空いていたけれども，だれも私たちをすわらせに来なかったので，私たちはテーブルにつくのに数分待たされた。」

📖 **今回のミニ講義**

1 (2)～(3)について

see A＋原形（Aが～するのを見る）

hear A＋原形（Aが～するのが聞こえる）

make A＋原形（Aに～させる）

などの動詞が受け身になると，「原形」の部分が「to＋原形」に変わる。すなわち to が必要となる。

頻出度 **No.1**

例 I saw him **swim**.

→ He was seen **to** swim（by me）.

（彼は(私に)泳ぐのを見られた。）

She made me **cook** lunch.

→ I was made **to cook** lunch（by her）.

（私は(彼女に)昼食を料理させられた。）

☆この to の有無がマークシート形式などでもよく出題される。「**受け身なら to が必要！**」と覚えておこう。

---

13 物主（無生物主語）構文・名詞構文 *(pp.28～29)*

📝 **解答**

1 (1)good，make

(2) brought
(3) His failure
(4) refusal, made
(5) Astonishment, deprived〔robbed〕
(6) To, relief
(7) made
(8) What, you
(9) enables
(10) led, discovery

2 (1) of
(2) caused
(3) brought
(4) take
(5) a five-minute
(6) ①
(7) on account of

3 (1) Too much coffee kept me awake（for が不要）
(2) what has enabled humans to pass down
(3) photograph always reminds me of the trip to Switzerland I
(4) The sudden shower prevented us from going home
(5) don't know what made you so
(6) A little reflection will show you

🐾解説

1
(1) make Ⓐ 原形（Ⓐに～させる）
　「よく眠れば，あなたは気分が良くなるでしょう。」
(2) S（無生物）bring A to＋場所（SはAを～に連れてくる）
　「2～3分歩くと私は公園へ来た。」
(3) 「事業での彼の失敗に私は驚いた。」の意味になるようにする。
(4) 「彼の頼みを彼女が断ったために，彼は大変腹を立てた。」
(5) deprive〔rob〕A of B（A（人）からBを奪う）
　「驚きのため私はほとんど口がきけなかった。」
(6) to one's＋感情を表す名詞（～したことには）
　▶強調するには great を名詞の前に入れるか，または to の前に much を入れる。
　「私がとてもほっとしたことには，彼女は危険な状態を免れた。」
(7) What makes A＋原形～?（何がAに～させるのか。→なぜAは～するのか。）

What makes ～?＝Why do〔does〕～?の関係。本問は過去の文であることに注意する。
　「なぜあなたは私のことを笑ったのですか。」
(8) lead A to B（AをBに導く）
　▶lead は lead－led－led（A－B－B型）と変化する。
　「君はどうやってこの結論を出したのですか。」→「何が君をこの結論に導いたのか」
(9) S（無生物）enable A to＋原形～（SのおかげでAは～することができる）
　「SはAに～できるようにする。」が直訳。
　「彼は金持ちなので，何でもすることができる。」
(10) 2つ目の文は，「彼女の熱心な働きが，彼女をラジウムの発見へと導いた。」が直訳。
　lead A to B を用いる。(8)を参照。
　「彼女は熱心に働いたので，ラジウムの発見に成功した。」

2
(1) What has become of A?（Aはどうなったか）
頻出
　「ところで，ジムがどうなったか，だれか知っていますか。」
(2) 直訳は「何があなたに決心を変えさせたのか。」 ☐☐☐ A to＋原形の型をとることができる動詞は，選択肢中では cause だけ。cause A to＋原形（Aに～させる）
　「なぜあなたは決心を変えたのですか。」
(3) 「何が今日あなたをこんなに遅くここへ連れてきたのか。」＝「なぜあなたは今日ここへ来るのがこんなに遅くなったのか。」
(4) S（無生物）takes〔leads〕A to＋場所（SはAを～に連れて行く）
　「この通りを行けば，郵便局へ着きます。」
(5) ☐☐☐ walk で，「5分の歩行」となる。a five-minute walk のようにハイフンでつながれた〈数詞＋名詞〉が形容詞的に用いられる場合，名詞は単数形のままである。ten minutes' walk という言い方もある。アポストロフィの位置に注意。
　「私の寮から教室まで歩いてわずか5分です。」
(6) keep A from ～ ing（Aに～させない）
　「その先生はよくその少年をしかったものだった。しかし，しかっても少年が愚かなことをするのはやめさせられなかった。」
(7) on account of ～（～のために）＝because of ～＝owing to ～＝due to ～（理由）
　「列車は大雪のために遅れた。」

3

(1) 「あまりに多くのコーヒーが私を目覚めさせる。」を基として考える。keep A B（AをBにしておく）

(2) S（無生物）enable A to + 原形〜（Sのおかげでは〜できる）（= S make(s) it possible for A to + 原形）

(3) 「🗨️🖋 今回のミニ講義」を参照。
S remind A of B（SはA（人）にBのことを思い出させる）

(4) S（無生物）+ prevent〔keep, stop〕+ 人 from 〜ing（Sのために人は〜できない）

(5) What makes A + 原形〜?（何がAに〜させるのか。= なぜAは〜するのか。）

(6) 「少しの反省はあなたに〜を示すだろう」の文を組み立てる。
cf. The mere sight of my uncle made me tremble.（おじの姿が見えただけで私はびくびくした。）

🗨️🖋 **今回のミニ講義**

3(3)「〜するといつも…する」の文について
whenever S + V 〜（〜するときにはいつでも）, **every〔each〕time** S + V 〜（〜するたびに）や, **never〔cannot〕A without B**（Aすれば必ずBする）などを用いても表現できる。

Whenever
Every〔Each〕time｝
I see this photograph, I **remember** the trip to Switzerland I took by myself.
= I **never** see this photograph **without thinking of** the trip to Switzerland I took by myself.
注 下線部の thinking of は remembering でも being reminded of でも O.K.
☆これらは必出構文なので，確実に書けるようにしよう。

復習問題 ❷ *(pp.30〜31)*

☑ **解答**

1 (1) only　　　(2) of
2 (1) get　　　(2) understood
　　(3) ②　　　(4) considered
　　(5) wash　　(6) to be seen
　　(7) of　　　(8) cashed

(9) made　　　(10) of
(11) needs　　　(12) far
(13) Seen
3 (1)③（excited にする）
　　(2)③（coming にする）
　　(3)①（Compared にする）
　　(4)④（surprising にする）
4 (1) is no telling what people might do when
　　(2) have your own thoughts understood as
　　(3) to communicate with, at any time

👤📖 **解説**

1

(1) only to 原形（（しかし）結局〜するだけのことだ）

(2) What has become of 〜?（〜はどうなったか）

2

(1) get + 人 to + 原形（人に〜させる，してもらう）
「ジェームズは何も食べたがらないが，私は彼に何かを食べさせるつもりだ。」

(2) make oneself understood（自分の言うことを相手にわかってもらう）
「私はフランス語で自分の言うことを相手にわかってもらえなかった。」

(3) encourage A to + 原形（Aを〜するよう励ます）
「私の妻は技師の職を辞めて本当に私が興味あることをするよう励ました。」

(4) everything considered（すべてのことを考え合わせると）= all things considered
▶ everything も最近よく出題される。
A：「すべてのことを考え合わせると，ジェーンはよい仕事をした。」
B：「まったくだ。」

(5) All you have to do is (to) + 原形〜（あなたはただ〜しさえすればよい）の is のあとの to はよく省略される。
「あなたは台所の皿を洗いさえすればよい。」

(6) remain to be + 過去分詞（まだ〜されていない）
「（政府の）経済刺激策が経済に重要な影響を及ぼすかどうかは，まだわかっていない。」

(7) 人の性質を表す形容詞が It is 〜構文で使われる場合，意味上の主語を表すには for A ではなく，of A となる。

22

「彼を信じるとはあなたはおろかだった。」

(8) get＋⑩＋過去分詞（⑩を〜してもらう）

「クリステンは銀行が閉まっていたので，小切手を現金化することができなかった。」

(9) make A＋原形（Aに（むりやり）〜させる）

「訓練士は棒で象をたたいてオリに入れさせた。」

▶「棒で…」とあるので let は不可。let は許可して「〜させる」の意味。

(10) remind A of B（A（人）にBのことを思い出させる）

「あなたにお会いすると，私は昔よく知っていた人を決まって思い出します。あなたは多くの点で本当にその女性に似ています。」

(11) need 〜ing（〜される必要がある）

「この部屋は本当にきれいにする必要があります。」

(12) as〔so〕far as S is concerned（Sに関する限り）

「抗生物質は無害であろうが，患者の容態に関する限り，患者にとっては不適切ともなりえるだろう。」

(13) If〔When〕they are seen from here（それら（車）がここから見られると）の分詞構文形。《受動態の分詞構文》

「ここから見ると，車は小さなマッチ箱のように見える。」

3

(1) 「〜を…させる」の型の動詞（excite, please, disappoint など）は，⑧→過去分詞／⑩→〜ing になる。

「私がほっとしたことには，子どもたちは贈り物を開けるのにわくわくしているように見えた。」

(2) look forward to（＋意味上のS）＋名詞（または動名詞）（（Sが）〜するのを楽しみに待つ）

「毎年，その島の子どもたちは，サーカスが町にやって来るのを楽しみに待っている。」

(3) 「〜と比べられると」なので **Compared** with 〜と過去分詞になる。

「アメリカの他の都市と比べると，ニューヨークは滞在する場所を賃借りするにはとても費用のかかる土地だ。」

(4) surprise（〜を驚かせる）は excite 型の動詞。関係代名詞の which は⑩扱い。したがって「⑩＋〜ing」の形になるので, surprising とすべき。

「たくさんの人から，だれもマイクほど上手にチェスをしないと，私は何度もくり返して言われてきた。そして彼がほんの 10 歳だという

ことを考えると，それは驚くべきことである。」

4

(1) There is no 〜ing（〜することはできない）

(2) have＋⑩＋過去分詞（⑩を〜してもらう，される），as they are（そのままに，あるがままに）

▶単数形の場合は as it is となる。

(3) enable A to＋原形（Aが〜できるようにする）

---

14 関係詞 ① (pp.32〜33)

📝 解 答

1 (1) What (2) what
(3) That (4) What
(5) where (6) when
(7) how (8) That's why
(9) The log house we stayed at
(10) what
(11) what
(12) what is called
(13) what (14) ③
(15) where (16) whose
(17) that

2 (1) but (2) that

3 (1) All we can do is wait and see how things will turn out
(2) matters the most is whether you do
(3) a man whom everybody thought to be Mary's boyfriend（was が不要）
(4) as to why you insist on ignoring his advice（on が不足）

🗣 解説

1

(1) 関係代名詞の what は「（〜する）もの,こと」の意味で先行詞を含んでいる。

「初めはやさしく見えるものが，難しいものであるとわかることがしばしばある。」

(2) 関係代名詞の what は動詞や前置詞の目的語にもなる。what I've heard before（私が以前, 聞いたこと）be consistent with 〜（〜と一致する）

「あなたの話は，私が以前, 聞いたことと一致していない。」

(3)〜(4) 「🔖 今回のミニ講義」を参照。

(3) 「状況がとても深刻だということは彼ら全員にははっきりわかっていた。」

23

(4) 「私が話していたことは部屋のみんなにかかわりがあった。」

(5) 選択肢の中で where だけが関係副詞。
　<u>注</u>関係副詞が空所に入る場合，そのあとの文は，独立しても完全な英文になることがポイント。つまり，Students don't trust their teachers. だけでも英文として O.K.。
　　「学生たちが彼らの教師を信頼しない多くの事例があります。」

(6) 関係副詞の when は時を表す語を先行詞 (Time) にする。You will ～ done. は独立しても完全な文。
　　「あなたが自分のしたことを悔やむときが遅かれ早かれやってくるだろう。」

(7) This〔That〕is **how** ～（この〔その〕ようにして～）＝This〔That〕is **the way** ～　how は関係副詞。
　　「このようにして我々はお互いに知り合いになることができるのです。」

(8) That〔This〕is **why** ～（そう〔こう〕いうわけで～）　why は関係副詞。
　　「4月末から5月初めにかけての週の間には多くの休日があります。そういうわけで私たちはそれを『黄金週間』と呼ぶのです。」

(9) [考え方] we stayed at the log house の the log house が先行詞となって前へ出る。前置詞の at はそのまま残す。
　the log house (which) we stayed at（私たちが滞在したログハウス）
　　「先週末，私たちが滞在したログハウスには，温泉がついていた。」

(10)～(11) 関係代名詞 what の慣用表現。
　what S is（現在〔今〕の S），what S was（昔の S）＝what S used to be
(10) 「私が今，住んでいる町は，10年前とはとても違っている。」

(11) owe A to B（A は B のおかげである）
　　「今日の私があるのは，母のおかげだ。」

(12) what is called ～（いわゆる～）＝what you〔we，they〕call ～
　　「スミス氏はいわゆる自分の腕一本で出世した人だ。」

(13) A is to B what〔as〕C is to D.（A の B に対する関係は C の D に対する関係と同じである）
　　「読書の精神に対する関係は，食べ物の肉体に対する関係と同じである。」

(14) the＋名詞＋of which＝whose＋無冠詞名詞
　　「彼はある本のことを言ったのだが，私はその本の題名を思い出すことができない。」

(15) 関係副詞の where は「場所」を表す語を先行詞とする。関係代名詞か，関係副詞かの見分け方は，そのあとが，完全な英文なら関係副詞，不完全な英文（主語〔目的語・補語〕が不足している文）なら，関係代名詞になるので，これを区別するための方法として覚えておく。
　　「その会議が開かれたホテルは市役所の近くにある。」

(16) 関係代名詞（所有格）先行詞（人または物・動物）＋whose＋無冠詞名詞
　　「その作品が私に最も大きな印象を与えた芸術家はモネでした。」

(17) 先行詞に all，every（すべての），any（どの～も），the only（唯一の），the same や序数，最上級などが付いている場合は，関係代名詞は普通 that を用いる。本問では all が先行詞になっている。
　　「光るも必ずしも金ならず」（ことわざ）

2

(1)(a) not only ～ but (also)…（～だけでなく…も）
　　「それは法律上の問題だけでなく，道徳上の問題でもある。」
(b) There is no A but ～（～しない A はない）
　but は that … not の意味の関係代名詞。no＋名詞は単数扱い。
　　「例外のない規則はない。」

(2)(a) **1** の(17)を参照。
　　「その少年は彼の目をひくすべてのものをほしがる。」
(b) now that ～（（今や）もう～だから）
　　「私はもう良くなったので，学校へ行くことができる。」

3

(1) All we can do is (to)＋原形～（私たちにできるのは～することだけである）
　cf. All you have to do is (to)＋原形～（あなたは～しさえすればいい）

(2) matter は自動詞で「重要である」（＝be important）という意味。なお，count にも同じ意味がある。[要注]
　what matters the most（最も重要であるもの，こと）
　whether S＋V ～ or not（～かどうか）

(3) [考え方] Everybody thought **a man** to be Mary's boyfriend. の **a man** が先行詞となって前へ出る。（目的格）

(4) as to why S＋V ～（～である理由について）
　▶この as to は「～について（は）」の意味。

why は関係副詞で「〜である理由」の意味。
why の前に the reason が省略されている。
insist on 〜ing （〜することを強く要求する）

今回のミニ講義

1 (3)〜(4)について
次の①と②の文を比べてみよう。
① **That** he lives in Osaka ／ is true.
　（彼が大阪に住んでいるということは事実だ。）
② **What** he said ／ is true.
　（彼が言ったことは事実だ。）
①の That のあとの he lives in Osaka は英文として何も不足しているものがない。言いかえれば，この文を He lives in Osaka. と単独の文としても O.K. である。この点で関係副詞のあとと同様である。
ところが②の What のあとの he said（彼は〜を言った）は英文として「〜を」に当たる目的語が不足している。したがって空所内に That が入るか，What が入るかの区別は次のようになる。
①　That＋完全な英文／ is 〜 .
②　What＋不完全な英文／ is 〜 .
㊟②の「不完全な英文」とは上記の例以外には，
What is the most important（最も重要であるもの）→主語（S）の不足
What I am（現在の私）→ I am 〜の補語の不足　などのように「目的語・補語・主語」が不足するものを指す。要するに What のあとの英文は何かが不足した英文ということなのである。

---

15 関係詞 ②　　(pp.34〜35)

解答
1　(1) which　　(2) who
　　(3) what　　(4) Whoever
　　(5) whoever
　　(6) the way
　　(7) however
　　(8) no matter what
　　(9) which　　(10) which
　　(11) which is　　(12) which
　　(13) as
　　(14) What with
　　(15) in which

2　(1) is, To
　　(2) Wherever, matter
　　(3) any
3　(1) as
　　(2) has, is
4　(1)①（who speaks にする）
　　(2)①（which または that にする）

解説
1
(1)　空所のあとでは，found 〜（〜を創立する）の目的語に当たるものがない。
　考え方 I founded the store.「私はその店を創立した。」
the store を先行詞にして前へ出す場合，関係代名詞の which か that を用いる。関係副詞の where は，in the store のように前置詞も一緒に含まれる場合である。
　「これは彼の祖父が50年前に創立した百貨店です。」
(2)　考え方 I thought は挿入節なのでとりはずして考える。was の主語に当たる関係代名詞が入る。先行詞は The woman。
　「彼女の母だと私が思った女性はまったく見知らぬ人であると判明した。」
(3)　what little＋不可算名詞（少ないながらも…するすべての〜）
　㊟名詞が可算名詞のときは what few＋複数名詞
　「私はそのかわいそうな女性に少ないながらも持っていたお金全部を与えた。」
(4)〜(5)　「 今回のミニ講義」を参照。
(4)　「私たちのパーティーに参加したい人はだれでも歓迎されるでしょう。」
(5)　「私のおばはいつも助けを必要とする人にはだれにでも手を貸す。」
(6)　the way 〜（〜のように，〜のままで）
　▶「〜の仕方，やり方」の意味もある。I don't like the way he talks.（私は彼の物の言い方が嫌いだ。）
　「どうか枯れた花を取らないでください。それらをそのままにしておいてください。」
(7)　however＋形容詞〔副詞〕＋S（may）＋V（どんなに〔どのように〕〜とも）
however＝no matter how
to the bitter end（最後まで）
　「兵士たちはどんなに困難に見えても勇ましく最後まで戦うべきである。」
(8)　no matter what＝whatever（何が（を）〜とも，

どんな～でも）

　　　「彼女は何を着てもかわいく見える。」

(9)　考え方 先行詞は glances 名 （ちらっと見ること，一見）。

　　　「彼女は水牛をも殺すことができたであろう一べつを彼に投げかけた。」

(10)～(11)　関係代名詞の which は前文の一部または全体を受ける。

(10)は，(that) she had seen the group SMAP を受けている。

　　　「彼女は京都でスマップを見たと言った，そしてそれは本当だった。」

(11)　which is why ～＝and that is why ～ （そしてそういうわけで～）

この which は前文の内容を受けている。他の選択肢では前文内容を受けてつなげることは不可。and which is は and が不要。関係代名詞は接続詞と代名詞の両方の役目をするからである。

　　　「彼女はくだけた話し言葉でものを書く。そしてそういうわけで私は彼女の小説を読むことが好きなのだ。」

(12)　two books を先行詞とする関係代名詞の継続用法。＝**but** neither of **them** の内容なので代名詞だけの those や them は×（接続詞が必要）。

　　　「彼女は私に２冊の本をくれたが，私はそのどちらも読んでいない。」

(13)　as is often the case (with A) （（Aには）よくあることだが）

cf. as is usual with A （Aにはいつものことだが）

　　　「よくあることだが，バーバラは学校を欠席した。」

(14)　What with A and (what with) B （AやらBやらで）原因・理由を表す。

　　　「最終試験や書かなければならない３つの評論やクラブの会合やらで，私は次の２週間は遊ぶ時間はないだろう。」

(15)　関係形容詞の which （そして〔しかし〕その），in which case （そしてその場合には）。

　　　「私は試験に合格するかもしれない。そしてその場合には奮発して友人と映画を楽しもう。」

2

(1)　what is worse （さらに悪いことには）＝to make matters worse　**cf.** what is better

　　　「さらに悪いことには彼はずっと病気で寝ている。」

(2)　wherever（どこへ～とも）＝no matter where

　　　「どこへ行こうとも，あなたは家に勝る場所

は見つけられないだろう。」

(3)　考え方 「どんな～でも」の意味の語は？

　　　「私は彼女が私にしてくれるどんな忠告でも従います。」

3

(1)　such A as ～ （～するようなA）

(2)　what S has （Sが持っているもの，Sの財産），
what S is （現在のS，Sの人格）
not so much A as B （AというよりむしろB）

4

(1)　関係代名詞 that は制限的用法のみに用いられる。コンマで区切って先行詞について追加的に説明を付加する非制限的用法では that は用いられない。「, that は不可」と覚えておく。

　　　「ナンシーは英語とフランス語を話すので，東京を訪れる人々のためにときどき，ツアーガイドとして働いている。」

(2)　visiting の目的語が不足しているので，関係詞は関係副詞ではなく，関係代名詞を用いなければならない。

　　　「ローマはヨーロッパへのこの７日間の旅行中に私が訪問するのを楽しみにしている場所の１つです。」

今回のミニ講義

1 (4)～(5)について

whoever＋V ～ （～する人はだれでも）
＝ anyone who＋V ～　　**whoever は主格**

(4)は $\underbrace{\boxed{}}_{S} \underbrace{\text{wishes}}_{V} \underbrace{\text{to join our party}}_{O}$ で

S（主語）が不足しているので主格が入る。

(5)は $\underbrace{\boxed{}}_{S} \underbrace{\text{needs}}_{V} \underbrace{\text{help}}_{O}$ でこれも S（主語）が

不足しているので主格が入る。

特に(5)において to のあとだからといって目的格の whomever を選ばぬこと。ここは needs の主語になるものが入るのである。

☆(4)の One，Everybody などの代名詞だけでは文がつながらないので不可。

㊟(4)の All that ～ （～するところのすべての人々）は正解のようにみえるが，All「すべての人々」が複数扱いのため，wishes の主語には不適切。

16 接続詞 *(pp.36~37)*

☑ 解答

1 (1) for granted　(2) on
　(3) Just as　(4) so that
　(5) fear　(6) if not
　(7) because　(8) unless
　(9) that　(10) as they are
　(11) as long as　(12) provided
　(13) as　(14) Now
　(15) even though

2 (1) far as
　(2) such an

3 (1) sure the windows are shut before you go
　(2) superior to that one in that it can be connected to

4 (1) ②　(so にする)
　(2) ③　(or not にする)
　(3) ①　(see to にする)

🗨 解説

1

(1) take it for granted that ～（～を当然のことと思う）it は that 以下を表す形式目的語。
　「私はあなたがその問題を解決するのは当然のことと思っていた。」超頻出

(2) on condition (that) ～（～という条件で，もし～ならば（＝ if ～））
　「あなたは1週間以内に返すという条件なら本を3冊借りてもよろしい。」

(3) just as ～（ちょうど～する時）
　▶「ちょうど～と同様に」の意味もある。
　「ちょうど私たちが外出しようとした時に雨が降り出した。」

(4) so that A will ＋原形（Aが～するように）
　▶【目的】を表す。will の代わりに can, may も用いられる。will のあとに not を入れると「～しないように」となる。「🖉 今回のミニ講義」を参照。
　「彼はその犬が部屋から出て行かないようにドアを閉めた。」

(5) 「🖉 今回のミニ講義」を参照。
　「私は彼のじゃまをするといけないので，昨日は彼を訪問しなかった。」

(6) if not ～（たとえ～でないとしても，もしそうでなかったら）
　「有名なシェフによる料理本は，たとえトップではないとしても，しばしばベストセラーになっている。」

(7) not ～ because …（…だからといって～ない）
　「本はそれが有名な作家によって書かれているからといって，必ずしも良い本であるとは限らない。」

(8) unless ～（もし～なければ，～でない限り）
　「妊娠中の女性は，絶対に必要でない限りはレントゲン写真をとらないように助言されている。」

(9) the fact that ～（～という事実）that は同格。
　「私たちはサウジアラビアでは，女性は車の運転を許されていないという事実に驚いている。」

(10) as they are(それらがあるがままに)〔文尾で〕前出の名詞が単数形の場合は as it is。
　「ものをそのままにしておきなさい。」

(11) as〔so〕long as ～（～する限りは，～さえすれば）
　「何もこぼさないなら，あなたは私の上着を着ていてもよい。」

(12) provided（もし～ならば，仮に～とすれば）
　「合意に至った価格が変更されないことをあなたが我々に保証するなら，我々はあなたの申し出を受け入れることができるだろう。」

(13) 形容詞〔副詞，無冠詞名詞〕＋as＋S＋V（Sは～だけれども）（＝Though it was late）
　「遅かったけれども，彼らは目的地に向かって出発した。」

(14) Now (that) ～（今や～なので）
　「今やきみは大学生なのだから，もっと分別があるはずだ。」

(15) even though ～（～であるのに）*cf.* even if ～（たとえ～だとしても）
　「私たちに無線伝達をもたらしたのは彼の才能であるのに，ニコラ・テスラの名前は意外にもほとんど知られていない。」

2

(1) as〔so〕far as I know（私が知っている限りでは）

(2) such a＋形容詞＋名詞＋that ～（とても…なので～）＝ so＋形容詞＋a＋名詞＋that ～

3

(1) make sure (that) ～（必ず～するように注意する，～ということを確かめる）＝ see (to it) that ～

(2) in that ～（～という点で）
cf. Men differ from computers **in that** they forget.（人間は忘れるという点においてコンピュータと異なる。）

27

4

(1) so ～ that …（とても～なので）の構文。very では that 以下を連結できないので，so に変える。
　「そのダンサーの足はとても速く動くので私たちの目ではその動きにはほとんど追いつけない。」

(2) whether ～ or not（～かどうか）名詞節。
注「～であろうとなかろうと」（譲歩節）の意もある。
▶ if（～かどうか）は主語には不可。
　「あなたが市民であるかどうかにかかわらず，あなたは無料の医療を受けることができる。」

(3) see (to it) that ～（必ず～するように配慮する〔取り計らう〕，～するよう気をつける）
▶ to it は省略可能だが，本問のように see it という形は不可。
　「私たちが明日の午後の社長の記者会見に出席するどのレポーターにも渡せるように，必ずそのレポートが 30 部くらいあるように取り計らってください。」

┌─────────────────────────┐
│ 👤📖 今回のミニ講義 │
│ 1 (4)～(5)について │
│ ● so that S can〔will, may〕＋原形～ │
│ （S が～するために，～するように） │
│ ＝ in order that S may ＋原形～［目的を表す］ │
│ ● for fear (that) ～（～することを恐れて，～しないように） │
│ that 節には should，would，may などの助動詞を用いる。 │
└─────────────────────────┘

17 名詞・冠詞　　　　　　(pp.38～39)

☑ **解 答**

1 (1) touch〔contact〕with
　(2) bird　　　　　(3) means
　(4) own way　　　(5) difference
　(6) hands, the　　(7) by the
　(8) is

2 (1) terms
　(2) the point
　(3) access
　(4) a lot of fun
　(5) any of it
　(6) an appointment
　(7) fine
　(8) the hour
　(9) a

　(10) the face
　(11) fare

3 (1)②（all information にする）
　(2)①（Most of the students にする）
　(3)①（a をとる）
　(4)①（so long a way または such a long way にする）
　(5)②（such a good idea にする）
　(6)①（such にする）

👤 **解説**

1

(1) get in touch〔contact〕with ～（～と連絡をとる）

(2) 直訳すると「早起きの鳥は虫を捕らえる。」

(3) by all means（いいですとも，ぜひどうぞ）

(4) have one's (own) way（思いどおりにする）

(5) It makes no difference whether ～ or not.（～かどうかは問題ではない）
　＝ It doesn't matter whether ～ or not.

(6) shake hands（with ～）（（～と）握手する）
cf. make friends with ～（～と親しくなる）

(7) catch〔seize, hold〕A by **the** arm（A の腕をつかむ）　*cf.* pat A on **the** shoulder（A の肩をポンとたたく），look A in **the** face〔eye〕（A の顔〔目〕をまともに見る）など。
▶ **the** ＋身体の部分名に注意！

(8) room（余地，場所）　この意味のときは，room は不可算名詞。したがって動詞は量が多くても単数形で受ける。

2

(1) be on ～ terms（with A）（（A とは）～の間柄である）「～」には，good, bad, friendly, speaking などがくる。
　「激しい議論のあと我々は話をしなくなった。」

(2) to the point（要領を得た）
　「彼の説明は明確で的を射ていたので，さらにつけ加えることは何もない。」

(3) access 名（（～へ）接近する機会）
　[今後増加傾向]
　「この情報時代において，世界中の最新のニュースを利用することはきわめて重要である。」

(4)～(5) 不可算名詞　数えられないので a も -s もつけない。work（仕事），homework（宿題），furniture（家具），advice（助言），information（情報），baggage〔luggage〕（手荷物），fun（楽しみ）など。

(4)「私たちはサラのパーティーで大いに楽しん

だ。」
(5) advice が不可算名詞なので複数形を示す few, many や「それぞれ，めいめい」の意味の each は不可。
　　「私は監督からいくらかの助言をしてもらった。」
　　「その助言のいくらかはきみの助けになったかい。」
(6) appointment「（人に会う）約束」
　cf. promise「（～するという）約束」
　　「あなたがだれかを訪問する前には必ず会う約束をしなさい。」
(7) fine（罰金）
　▶「（～の罰で）罰金を科する」という動詞の意味もある。
　He was fined $30 for illegal parking.（彼は駐車違反で 30 ドルの罰金をとられた。）
　　「その若い女性は酔っ払い運転で重い罰金を支払わなければならなかった。」
(8) by the + 単位を表す語（～単位で，～ぎめで）
　hire a car by the hour（車を 1 時間いくらで〔時間ぎめで〕借りる）
　be paid by the day（1 日いくらで〔日給で〕支払われる）
　　「その仕事に対する賃金は時間ぎめで支払われます。」
(9) a ～（～につき）＝ per ～
　　「たいていの人々は 1 週間に 5 日働く。」
(10)　*1* の(7)を参照。
　　「彼は，どうしても私の顔をまともに見ようとしなかった。」
(11) fare　图（（乗り物の）運賃）
　▶他の料金に関することばには，fee（（弁護士や医者などの）謝礼（金），授業料，入場料），charge（使用料，サービス料，手数料），cost（費用，経費）などがある。
　　「家までのバスの運賃はいくらですか。」
3
(1)「指示を読み，求められていることをすべて記入し，ハサミで点線にそって切りなさい。」
(2)「今回のミニ講義」を参照。
　　「学生たちの大部分は彼らが平和な国に生活していかに幸せかを理解したように思われた。」
(3) weather（天気，天候）は不可算名詞。頻出
　　「おとといはお天気がよかったが，それ以来ずっとひんやりとしてきている。」
(4)～(5)　too ⎫
　　　　　as ⎬ ＋形容詞＋a＋名詞
　　　　　so ⎭
　　　「too〔as, so〕にひっぱられて形容詞が先に出る」と覚えよ。

such の場合は，次のようになる。
such ＋ a ＋ 形容詞 ＋ 名詞
(4)「私たちはとても長い道のりを歩いたので，私の足が痛み始め，ついには水ぶくれになってしまった。」
　way は「道のり」の意味では単数形で用いられるので，冠詞の a が必要。
(5) idea（考え）は，可算名詞なので冠詞の a が必要。
　　「最近，天候が非常に不安定であるので，この週末あるいは来週末にクラスのピクニックを開催するのはあまりよい考えではないかもしれない。」
(6) so は，名詞が不可算名詞や複数形のときは，so clear water や，so beautiful flowers とはいえない。この場合には such を用いて **such** clear water, **such** beautiful flowers という。
　　「とてもすてきなお天気だったので，私たちは泳ぎに行くことができた。」

今回のミニ講義
1 (2)について
Most of students はなぜ×なのだろうか？
それは most of **the** students となっていないから×なのである。ではこの the は何かというと，これは**限定詞**と呼ばれるものである。この限定詞は most of や almost all of などのあとにくる**複数名詞の範囲を限定する役割**をする。
この限定詞は the だけでなく，my, your, her, his, these, those などでも O.K.。この限定詞が必要なのは some of, many of などの場合も同じである。
ただし，限定詞がいらないのは most of us〔them〕のように**代名詞の目的格のとき**である。
○ most of **the** people
○ almost all of **the** boys
○ many of **my** students
○ some of **these** cars
○ each of **them**
× all of girls → ○ all of **the** girls
☆これは最近の超必出事項である。注意

29

18 代名詞 (pp.40〜41)

☑ 解答

1
- (1) another
- (2) the other
- (3) the others
- (4) ④
- (5) those
- (6) it
- (7) those
- (8) All
- (9) anything will do
- (10) for
- (11) ④
- (12) itself
- (13) one
- (14) others
- (15) How do you like
- (16) How
- (17) What
- (18) anything
- (19) occurred
- (20) anything
- (21) tried it on

2
- (1) like
- (2) nothing
- (3) another

解説

1

(1) A is one thing, (and〔but〕) B (is) another.（AとBは別である。）
「蔵書を所有することと，それを賢明に使用することとは全く別だ。」

(2)〜(3) one 〜, the other …（1つは〜，もう1つは…）
▶ two→one + the other の順に注意。
注 the others は，残りが **2つ以上** あるときの **残り全部**。

(2) 「我々の書籍クラブには2人の大学生がいる。1人は英文学を専攻しており，もう1人は中国文学を専攻している。」

(3) 「彼らの4人の子どものうち，1人は日本に，残りの者（3人）は海外にいる。」

(4)〜(5) that of A（Aのそれ）
この that は「the＋単数名詞」の反復を避けるための代わり。(4)は，as **the social system** of honeybees の意。「**the**＋複数名詞」の場合は those of A となる。(5)は **the interests** of the citizens の意。

(4) 「マルハナバチの集団体系はミツバチの集団体系ほど複雑ではない。」

(5) 「委員会のメンバーの関心事は，市民の関心事と必ずしも同じではない。」

(6) find it difficult to＋原形（〜することがむずかしいとわかる）
この it は形式目的語なので真目的語は to 以下

となる。
「厳しい時代でも携帯電話の費用を節約するのは困難だと思っている人もいる。」

(7) those present（出席者）those＝people
「ジミーの講義は出席者全員に大きな感動を与えた。」

(8) All S can＋原形
All you have to do is (to)＋原形（あなたは〜しさえすればよい）のバリエーション。
「私たちができることは彼が帰ってくるまで待つことだけだった。」

(9) anything will do（どんなものでも結構です）
▶肯定文中の anything は「何でも」の意。
「私は何か読むものがほしい。おもしろければどんなものでも結構です。」

(10) What 〜 for?（何のために）《口語》
「あなたはなぜそのような男をじっと見つめているのですか。」

(11) a〔this, that, some, any, no など〕＋名詞＋of＋所有代名詞（〜のもの）
my, his, her などの所有格は a〔an〕, this, that などとともに同じ名詞を修飾することができないので，この語順になる。
× I like your that scarf. →○ I like that scarf of yours.（私はあなたのそのスカーフが好きです。）
「私のこの古い腕時計は10年前に私の祖父からもらったものだ。」

(12) kindness itself（親切そのもの）＝very kind
「サトミは私にとても親切である。」

(13) one は前に出た可算名詞の代わりに用いる。同じ種類の「a＋名詞」の代わりをする。
She picked some flowers and gave me one.（彼女は花をつんで私に1輪くれた。）
▶形容詞＋one のときは，その前にふつう，a〔an〕を付ける。
「このコンピューターは古くてソフトウェアが作動しない。私は新しいものを購入しなければならない。」

(14) some 〜, others …（〜するものもあれば…するものもある）
▶ some 〜, some …の形も可。
「その提案に賛成の者もいれば，反対の者もいた。そして残りの者は自分の意見を表さなかった。」

(15)〜(17) 「今回のミニ講義」を参照。

(15) 「私の靴をどう思いますか。」

(16) 「彼女はこのトラをどのように飼い慣らしたとあなたは思いますか。」

⒄　What do you think of〔about〕～？（あなた
　は～についてどう思いますか。）How do you
　think of〔about〕～？は不可！
　　「環境問題に対する我々の政府の態度につい
　てあなたはどう思いますか。」
⒅　if anything（どちらかと言えば，むしろ＝
　rather；少しはあるとしても）
　　「ジョンは悪い少年ではありません。どちら
　かと言えばかなりよい少年です。」
⒆　It occurs to A that ～．（Aに～ということが
　思い浮かぶ。）
　It は that 以下を表す形式主語。
　❀過去形は occurred と r を重ねる。
　　「私は，あのアメリカ人教授と昨年の国際会
　議で会ったことがある，とふと思った。」
　▶happen to Ⓐは「Ⓐの身に（…が）降りかかる」
　の意味。
　What happened to him?（彼の身に何が起き
　たのか。）
⒇　something of a＋名詞（ちょっとした～，相
　当の～）
　▶疑問文では anything になる。
　　「彼は病気について語る時，いつも興奮する。
　彼はちょっとした医者なのかい？」
(21)　動詞＋副詞が他動詞の役目となり，代名詞
　(it，them，us など)を目的語にする場合は，
　「動詞＋代名詞＋副詞」のようにあいだにはさむ。
　▶目的語が名詞の場合は副詞の前後どちらに置
　いてもよい。She took off her hat.（彼女は帽
　子を脱いだ。）
　　「彼は店に好みの上着があるのを見た。そこ
　で店内に入り，それが彼に合うかどうかを見る
　ために試着してみた。」
　2
⑴　What is A like?（Aはどんなもの〔人〕か。）
⑵　to say nothing of ～（～は言うまでもなく）
　＝let alone ～＝not to mention〔speak of〕～
⑶　another（（いくつかあるうちの）別のもの）
　▶another は an＋other なので，冠詞も形容
　詞もつけない。

　🗨📖 今回のミニ講義
　1 ⒂～⒄について
　●How do you like A?（Aをどう思いますか，
　Aはいかがですか。）
　●What do you think of〔about〕A?（Aにつ
　いてどう思いますか。）
　❀「どう思うか」でも How は不可。of
　〔about〕A（Aについて）をとりはずすと

What が think の目的語になっていることが
わかる。
　❀of〔about〕がなく，⒃のように think
のあとがすぐ that 節になっている場合は，こ
の that 節が think の目的語となるので How
を用いる。
ポイント { How do you think（that）～？
　　　　 { What do you think of〔about〕
　　　　　　～？
☆ of〔about〕の有無で What と How の区
別をせよ！ 頻出

19 仮定法 ①　　　　　　　　(pp.42～43)

☑ 解 答
　1　⑴ were　　　　　⑵ would be
　　⑶④
　　⑷ would have left
　　⑸ had heard　　　⑹ would be
　　⑺ could stay
　　⑻ had participated
　　⑼ as if he did　　⑽ With
　　⑾ had been able　⑿ should
　　⒀ were　　　　　⒁ To hear
　2　④
　3　⑴ it were
　　⑵ Without，But，If it were not
　4　⑴ She took her seat as if nothing had
　　　 happened.
　　⑵ would appreciate it if you could

🗨 解説
　1
⑴～⑵　仮定法過去　形は過去形でも内容は現在
If＋S₁＋過去形～，S₂＋助動詞の過去形＋原形
　　　　　┗be動詞はwere　┗would，could，shouldなど
…
（もし S₁ が～なら，（S₂は）…なのだが）
⑴　「🗨📖 今回のミニ講義」を参照。
　　「もしあなたの援助がなければ，私はこの論
　文を決して上手く仕上げられないだろう。」
⑵　「もしアメリカ人が砂糖や塩の入った食べ物
　を食べるのを（今よりも）少なくすれば，彼ら
　の一般的な健康状態はもっと良くなるだろう
　に。」
⑶　考え方 主節に will があるので現在形を選ぶ。
　「時・条件」を表す副詞節 In case（もし～ならば，
　万一の場合には（＝If））
　Unless（もし～しなければ）や Whether（～

31

かどうか）では意味が通らない。

「もし明日，雨が降れば，私たちのサッカーの試合は中止されるだろう。」

(4)〜(5) **仮定法過去完了** 表す内容は**過去**。

If S₁ **had**＋過去分詞 〜 , S₂＋助動詞の過去形＋**have**＋過去分詞…

（もし S₁ が〜していたら，（S₂は）…しただろうに）

(4) 「もしバスが遅れることを知っていたら，私はもっとあとに家を出ただろうに。」

(5) 「もし私が以前にそのことを聞いていたら，あなたに何か日本のものを買っただろうに。」

(6) If S₁ had＋過去分詞〜 , S₂＋助動詞の過去形＋原形… （もし S₁ が（過去に）〜していたら，（S₂は）（現在は）…だろうに） 前半が**過去**，後半は**現在**の内容。

▶文尾の now，today などが目印。

「もしその時私があなたの助言を聞き入れていたら，私は今はもっと幸せだろうに。」

(7) I wish S＋過去形〜（Sが〜すればよいのに） 現在において実現できそうにない願いを表す。

「あなたがもっと長くいられればいいのに。」

(8) I wish S had＋過去分詞〜（Sが〜していたらよかったのになあ） 過去において実現しなかった願望を表す。

「ケンジは私にロンドンへの旅行はすばらしかったと言った。私はそのプログラムに参加していたらよかったのに。」

(9) as if S＋過去形〜（Sはまるで〜であるかのように） 現在の内容。

▶ did は knew の代動詞。

cf. as if S had＋過去分詞〜（Sはまるで〜であったかのように） 過去の内容。

「彼は化学については何も知らないが，まるで知っているかのように話す。」

(10) With 〜（〜があれば，〜があったなら）

「もう少し賢明さがあれば，あなたはきっと成功するだろうに。」

(11) If only 〜（ただ〜でさえあれば（よいのだが））≒ I wish 〜

▶ I only wish もほぼ同意。

「ただポールに会えていたなら，私は会議についての重要な伝言を彼に伝えられたのに。」

(12) If S should＋原形〜（万一〜だとしたら〔だとしても〕）

▶未来または現在に関する「ひょっとしたら」という意味を表す。主節には，未来形，現在形，過去形，命令文などがくる。

「万一何かほかの質問があるなら，どうぞ遠慮なく私たちに連絡してください。」

(13) 「If S were to＋原形」は，「If S should＋原形」と同じ意味を表す場合と，あり得ないような未来の仮定（本問）を表す場合がある。

▶本問の If は Even if（たとえ〜としても）の意味である。

「たとえ太陽が西から昇っても，私は考えを変えないつもりです。」

(14) To hear A sing（A（人）が歌うのを聞けば）不定詞に「仮定・条件」の意味がある。

「サラが歌うのを聞けば，あなたは彼女がプロの歌手だと思ったでしょう。」

2

「今回のミニ講義」を参照。文意と使われている動詞の形から，仮定法過去完了とわかる。

3

(1) so to speak（いわば）＝ as it were

「彼女はいわば成長した赤ん坊だ。」

(2) 「今回のミニ講義」を参照。

「水がなければ，どんな生物も生存できないだろう。」

4

(1) as if S had＋過去分詞〜（Sはまるで〜であったかのように）を用いる。as if を as though にしても同意。

(2) 仮定法過去の文。if 節が後へまわったもの。**1** の(1)を参照。

▶ appreciate（〜に感謝する）は「親切・好意など」を目的語とし，thank のように「人」を目的語としない。本問では it が目的語となる。

今回のミニ講義

1 (1)，**2**，**3** (2)について

If it were not for 〜は「もし〜がなければ」，If it had not been for 〜は「もし（あのとき）〜がなかったならば」の意味で前者は仮定法過去（内容は現在），後者は仮定法過去完了（内容は過去）であるが，But for 〜や Without 〜はこのどちらの時制にも使える。とても便利なので書きかえ問題や英作文などには超おすすめ。

なお，But for 〜や Without 〜を用いた場合，仮定法過去か，仮定法過去完了かの区別は，後半文（主節）の形で判断する。

But for his help, I wouldn't have succeeded.（彼の助けがなかったら，私は成功しなかっただろう。）**仮定法過去完了**

Without the sun, we could not live.

（もし太陽がなければ，私たちは生きられないだろう。）**仮定法過去**

20 仮定法 ②　　　　　　(pp.44〜45)

☑ 解答

1　(1) Should　　　(2) Had
　　(3) ①　　　　　(4) were it not
　　(5) would have gone
　　(6) you didn't
　　(7) Were
　　(8) Try as he might
　　(9) Be
　　(10) that he come
　　(11) ④
　　(12) write essays
　　(13) smoke only
　　(14) could have gone
　　(15) had　　　　　(16) what if
　　(17) told

2　(1) A little earlier, and you could have
　　　seen the scene
　　(2) are demanding that their wages be
　　　raised
　　(3) it not been for your help

👤解説

1

(1) If S should + 原形〜（もし万一 S が〜なら）
If が省略されると倒置がおこり Should S + 原形〜の形になる。
　「もし万一何か怪しげなカバンを見つけたら，車掌までお知らせください。」

(2)〜(3) If S had + 過去分詞
If が省略されると倒置がおこり Had S + 過去分詞の形になる。(3)は主節が前へきた文。

(2)「もしあなたが，何が起こっているのかを私にたずねていたら，私はそのすべての内容をあなたに話しただろうに。」

(3)「そのミュージシャンたちはふだん着の身なりだったので，もし彼らが楽器を持っていなかったら，人々は聴衆と彼らを識別しなかっただろう。」

(4) If it were not for 〜（もし〜がなければ）の倒置形。If が省略されて were が前へ出る。
　「もし音楽がなかったら，私はストレスをどのようにして取り除くかわからない。」

(5) otherwise（もしそうでなければ，さもないと）＝ or(else)
　「マコトは，昨夜とても疲れていた。もしそうでなければ，映画を観に行っただろうに。」

(6) would rather S + 過去形〜（むしろ S が〜することを望む）　*cf.* would rather + 原形
▶ would rather は「後ろに仮定法過去の that 節がくる場合もある」ことを覚えておくこと。
　「一郎は『ここでタバコをすってもいいですか？』とたずねた。厚子は『すわないでもらいたいです』と答えた。」

(7) If S were to + 原形〜（もし〔万一〕S が〜するようなことがあったとしたら）の倒置形。Were S to + 原形〜［ありそうにないことの仮定］
　「もし私が自分の人生についてきみにすべてを話すとしたら，１週間あっても足りないだろう。」

(8) Try as S may（S がいかに努力しても）＝ However hard S (may) try
　「どうやっても彼はその戸を開けられなかった。」

(9) Be it ever so 〜（それがどんなに〜であっても）譲歩を表す命令文。
　「どんなにそまつであっても，わが家に勝るところはない。」

(10)〜(13)「🔲今回のミニ講義」を参照。

(10)「メアリーは彼が自分のパーティーに来ることを提案した。」

(11)「私の主治医は，私に数日以内にダイエットを始めるように勧めた。」

(12)「その大学は英語科のすべての学生が英語で論文を書くことを要求する。」

(13)「彼は労働者は食堂でだけ喫煙するという提案をした。」

(14) I wish S + 助動詞の過去形 + have + 過去分詞（S が〜していたらいいのになあ）
　「私は昨年，ワールドカップのサッカーの試合を見にドイツへ行くことができていればよかったのに。」

(15) It is (high) time S + 過去形（もう S が〜する時間だ）
▶ time のあとの that は省略されることが多い。節の中は仮定法になるので，動詞は過去形になる。high を about にすると「そろそろ」の意味になる。
　「私たちが日曜日のディナーに何か別のものを食べてもよい頃だと思いませんか。」

(16) what if 〜（もし〜したらどうなるだろうか）

「その患者は危機を脱したと言われたが，もし最悪の事態が起こったら，どうなるだろうか。」

(17) 能動態に戻すと次のようになる。

S ☐ **me** that I should see a doctor.

「S は私に医者にみてもらうべきだと私に☐。」

▶ should を見ただけで recommend や suggest を選んではならない。recommend, suggest, say は上記のように間接目的語（me）をとることができないからである。tell なら O.K.。

◎この問題は仮定法の出題ではないがプラスアルファの学習効果を得る目的で，ここで取り上げた。

2

(1) **If** you had come **a little earlier**, you could have seen the scene. と同じ内容。

類例 A minute later, and I would have missed the last bus. 「1 分遅く到着していたなら，私は最終バスに乗り遅れていただろう。」

(2) demand that S（should＋）原形（S が～するということを要求する）を用いる。

▶本問では should は省略されている。「賃上げ」は「賃金が上げられる」で，受け身の形で表現する。

raise ～（～を上げる）

(3) 文頭に Had があるので，If it had not been for ～の倒置形になる。

今回のミニ講義

1 (10)～(13)について

☆「提案・要求・命令・決定」などを表す動詞や名詞に続く that節は「S(should)＋原形～」の形になる。

「提案する」suggest, propose

「要求する」demand, insist, request, require

「勧める」recommend, advise

「命じる」order, command

「決定する」decide

「～するつもりである」intend　　　など

1 の(13)は同格の名詞節（a suggestion that ～「～という提案」）の形になっているが，that節は should が省略されて S＋原形となるほうが多い。頻出度 No.1

復習問題 ❸ (pp.46～47)

📝 **解答**

1 (1) were　　　　(2) Many of the
(3) that I tell　　(4) if not
(5) the other　　(6) Should
(7) so nice a man　(8) those
(9) fine　　　　(10) only
(11) What　　　(12) which
(13) the　　　　(14) whoever
(15) that　　　　(16) What
(17) that　　　　(18) occurred

2 (1)④（would never have happened にする）
(2)①（advice にする）
(3)④（unless we live にする）
(4)①（Even if にする）
(5)①（started にする）

3 (1) wouldn't have done it if he had known
(2) it for granted that you must have
(3) you have to do is tell Tom to leave

👤 **解説**

1

(1) 主節が would tell（助動詞の過去形＋原形）なので，仮定法過去の文。If節の動詞は過去形になる。

「もし私が彼にプレゼントをするつもりなら，前もってあなたに話すだろうに。」

(2) Almost（ほとんど）は副詞なので名詞を修飾できない。Almost any（ほとんどすべての）のあとには単数名詞がくるので不可。Many of や Most of のあとには限定詞（the など）が必要。

「この大学の学生の多くは留学することを熱望している。」

(3) suggest that S（should）＋原形～の形になる。

「私が彼に真実を話すのを提案したのはあなただった。」

(4) if not（たとえ～でないにしても：もしそうでなければ）

「彼は偉大な芸術家ではないにしても，立派な芸術家だ。」

(5) 「花びんの中には 2 本のバラがある。1 本は白いバラで，もう 1 本は緋色です。」

・緋色－火のような濃く明るい赤色。

(6) If S should＋原形～（もし万一 S が～なら）の If を省略すると，Should S＋原形という疑問文の形になる。

▶後半文には命令文のほか，仮定法過去の文も

くる。
　「万一我々の方針についてあなたがもっと知りたければ，どうぞご自由に我々と連絡をとってください。」

(7)　so＋形容詞＋a〔an〕＋名詞の順になる。
　「その料理人はとてもすてきな人だったので，私たちは食事について文句を言いたくはなかった。」

(8)　前述の「the＋複数名詞」の反復を避けるには代名詞の those を用いる。the batteries of today
＝those
　「1990年代のいくつかの電池は今日の電池よりもすぐれていた。」

(9)　fine（罰金）
　「少しスピードをゆるめなさい。さもないときみは，スピード違反でばく大な罰金を支払わなければならなくなるだろう。」

(10)　If only＋仮定法（～でさえあればなあ）
　「きみと同じくらい速く走ることさえできればなあ。」

(11)　「学生たちが知る必要があること」という意味にするためには，動詞 know の目的語に当たるものが不足しているので，関係代名詞の What を補う。
　「学生たちが知る必要のあることが，その学校案内書に書かれている。」

(12)　restaurant を見ただけであわてて where（関係副詞）を選んではならない。出題者の思うツボにはまることになる。
空所のあとが was recommended となっていて主語が不足している。そのため，関係代名詞の that か which が入ることになる。関係代名詞はそのあとに不完全な英文（主語・目的語・補語が不足した文）がくることが大きな特徴である。
　「昨日，ジョンは友人に勧められたレストランでメアリーと昼食を共にした。」

(13)　hit A on the head（A（人）の頭をたたく）
▶同パターンに，He caught me by the arm.（彼は私の腕をつかんだ。）や She looked me in the eye.（彼女は私を正視した。）などがある。
　「誰かが私の頭をたたいた。」

(14)　wants の主語が不足しているので，主格の whoever を補う。
　「私はこの本を読みたがっている人ならだれにでも貸します。」

(15)　the＋単数名詞は that で置き換えることができる。
　「東京の天気は札幌の天気よりあたたかい。」

(16)　What ～ for?（何のために，なぜ）
　「トムは何のために北海道へ行ったのですか。」

(17)　take it for granted that S＋V ～（～を当然のことと思う）
▶この it は that 以下をさす形式目的語。
　「みんなは，総理がそのセレモニーに出席するのは当然のことと思っている。」

(18)　It never occurs to A that S＋V ～（A（人）に～ということは決して思い浮かばない）
　「彼が招待されなかったとは，私たちは思いつきもしなかった。」

2

(1)　If S had＋過去分詞 ～，S＋助動詞の過去形＋have＋過去分詞…の仮定法過去完了の文。帰結節を would never have happened とすべき。
　「もしその新しい安全システムが使用されていたら，その悲劇的な事故は決して起こっていなかっただろう。」

(2)　advice は不可算名詞。
　「彼は私のコンピュータをもっと使いやすくさせるために設定を調節する方法についての多くのアドバイスを私にしてくれた。」

(3)　unless ～（～しない限りは）の中に否定内容が入っているので unless＋肯定形となる。
　「私たちはお互いに親密な協力をして生きていかない限りは，人間として生き残ることはできないように思われる。」

(4)　even には接続詞としての用法はないので文を連結することができない。even if ～（たとえ～でも）にすべき。
　「たとえ私にアメリカへ行く時間があったとしても，私には旅をして回る十分なお金がない。」

(5)　It is (high) time S＋過去形（もうSが～する時間だ）
　「もうきみが銀行の職を得るための資格試験の準備をし始めてもよいころだよ。」

3

(1)　仮定法過去完了の if 節が後へまわった形。
S_1＋助動詞の過去形＋have＋過去分詞… if S_2 had＋過去分詞～.
（もし S_2 が～していたら，（S_1 は）…しただろうに）

(2)　take it for granted that ～（～を当然のことと思う）

(3)　All you have to do is (to＋) 原形～.（あなたは～しさえすればよい）

✓解答

1
(1) another
(2) two more days
(3) other　　(4) of
(5) Either　　(6) hardly
(7) heavy　　(8) How large
(9) capable of　(10) alike
(11) high　　(12) soon
(13) almost all
(14) Most tourists

2
(1) important　(2) unavoidable

3
next door, downtown, over there, upstairs

4
(1)④ (white にする)
(2)① (almost all または most of にする)
(3)① (likely にする)
(4)① (much alike にする)
(5)③ (the young にする)
(6)③ (her 5-year-old にする)
(7)① (available にする)

🔍解説

1

(1) （数詞＋複数形名詞）を１つのまとまりと考えて another をその前に置くことができる。
例 **another** three eggs（卵をもう３個）＝three **more** eggs＝three eggs **more**
注 more を前へ出して more three eggs は不可。
「彼女は卒業するまでもう３年間勉強しなければならない。」

(2) 「私たちはもう２日間，待たなければなりません。」

(3) every other〔second〕＋単数名詞（１つおきの〜）例 every other day（１日おきに）
「１晩おきに私は図書館の管理人をしている。」

(4) of＋抽象名詞＝形容詞
of help（役に立つ）＝helpful
of **great** importance＝**very** important, of **great** use＝**very** useful
「私があなたのお役に立てる方法がありますか。」

(5) either　①（２者の）どちら（の…）でも
　　　　　②（２者のうち）どちらか一方（の）
cf. neither （（２者の）どちらも〜ない）
「火曜日か水曜日にいらしてください。どちらの日でもいいですよ。」

(6) hardly〔scarcely〕any＋名詞（ほとんど〜ない）
「今日はとても寒かったので，ほとんどだれも泳ぎに行かなかった。」

(7) **heavy** traffic（激しい交通量）heavy＝a lot of　┗不可算名詞　反light〔little〕（少ない）
「私なら，この激しい交通量の中を車を運転するのはこわく感じるだろう。」

(8) population（人口）の「多い，少ない」は large, small で表す。
「大阪の人口はどれくらいだと思いますか。」

(9) be capable of 〜ing（〜ができる）
「この新しいスポーツカーは時速 140 マイルのスピードを出すことができる。」

(10) alike 形（（外見・性質などが）似ている）
「彼らは非常によく似ているので，どっちがどっちだか区別するのは難しい。」

(11) price（値段，物価），wages（賃金），salary（給料）などの「高い／安い」は high／low を用いる。expensive, cheap は不可。
「日本の物価はとても高い。」

(12) how soon（あとどれくらいで）≒how early
（時間）early, soon
（速度）fast, quickly, rapidly
「あなたはジョンがあとどれくらいで戻って来ると思いますか。」

(13)〜(14) 「📝今回のミニ講義」を参照。

(13) 「そのスポーツイベントの参加者は夏の休日に開催されたので，十代の若者がほとんどすべてだった。」

(14) 「私はあなたがそこへ行ったことに驚いている。たいていの観光客は町のその地域を訪れない（からです）。」

2

(1) of＋抽象名詞は「形容詞」になる。of importance＝important, of value＝valuable
▶強調する場合は，of great value（とても価値がある）のように great を of の次に入れる。
of little value（ほとんど価値がない）
「その出来事は私たちみんなにとってとても重要だった。」

(2) inevitable 形（避けられない）＝unavoidable
▶ uncertain（不確実な），unthinkable（思いもよらない），unnecessary（不必要な）
「喫煙があなたの健康に損傷を与えるだろうということは避けられない。」

3

next door（隣に），downtown（繁華街へ），over there（向こうに），upstairs（２階へ），

反 downstairs（階下へ），home（家へ〔に〕）は すべて副詞である。my parents' home（私の両 親の家）は名詞なので **to my parents' home** と to が必要。

「私はすぐに隣へ〔繁華街へ／向こうへ／2 階へ〕行くところです。」

4

(1) look＋形容詞（～に見える）この形容詞は補 語なので副詞にすると×。
例 smell sweet（よい香りがする） smell sweet**ly** は×。

「雪を白く見えさせるのはこれらのすべての 表面からの光の反射である。」

(2) 「 今回のミニ講義」を参照。
almost the＋名詞の用法は不可。almost all に するか，most of にする必要がある。

「これまでのところ，低所得者へ貸し出され たほとんどすべてのお金〔お金の大部分〕は，完 全に返済された。」

(3) like では意味を成さない。be likely to＋原 形（～しそうである）

「気候の変化は，何百万人という人々，特に 栄養失調やその結果として起こる体調不良増加 を通じて，（気候の変化への）適合能力の低い 人々へ影響を及ぼしそうである。」

(4) 「とても似ている」の意味なので like を alike にする。

「そのふたごはとてもよく似ているので人々 にはどっちがどっちかを見分けることは非常に 困難だとわかる。」

(5) 「若者」の意味なので the young とする。
「あなたは文化の情勢における創造力と独創 性のある若者の才能を過小評価するような間違 いを決してすべきではない。」

(6) 数詞をハイフンでつなぎ形容詞として用いる 場合，単位を表す名詞は単数形である。
例 a five-**year**-old boy（5歳の少年）five-**years** -old は×。

「若い母親にとって，自分の5歳の息子を故 郷の町へ残していくという考えは，耐えられな いものだった。」

(7) convenient（都合のよい，便利な），necessary（必要な），impossible（不可能な），possible（可能な），difficult などは主に **It is ～ の構文**で用いられる。本問では「人」が主語に なっていて，その部分が固定されているので， 意味上，available（〔人が〕〈…に〉出席できる） がふさわしい。

「私は建設計画に関する金曜日の会合には出

席できないだろう。」

 今回のミニ講義

1 (13)〜(14)と **4** (2)について
almost「ほとんど」は**副詞**なので**直接，名詞 につけることはできない**。（副詞が名詞を修 飾できないのは a very car「たいへん車」が ×から判断。）
almost は次のように all や every ととも に用 いると名詞につけられる。

① **almost all（the）＋複数形**｜「ほとんど
② **almost all of the＋複数形**｜すべての
③ **almost every＋単数形**｜～」
　　　　　　　　　　　　└ ココに注意！

また，most の用法については次のとおり。
④ **most＋複数形**（たいていの～）
⑤ **most of the＋複数形**（～の大部分）
☆②と⑤のように of を伴うときには of のあ と に the や these，those，my，your などの 限定詞が必要となることに注意。
☆(13)で，もし出題が（　）teenager という ように空所のあとが**単数形**になっていたら， 正解は almost every になる。要注
☆ almost のあとには all だけでなく every も くることを頭に入れておこう。この every は 今後出題増加が予想される。

---

22 前置詞 *(pp.50〜51)*

解答

1 (1) in　　　　(2) for
(3) on　　　　(4) into
(5) by　　　　(6) Due to
(7) instead of　(8) of
(9) in spite of　(10) from
(11) beyond　　(12) by
(13) by　　　　(14) with
(15) over　　　(16) into
(17) for　　　　(18) above
(19) from　　　(20) with

2 (1) against
(2) To，despite

3 (1) ③（with にする）
(2) ②（during にする）
(3) ③（by にする）

解説

1

(1) in ～（（今から）～後に，～たてば）

37

「その講義は 5 分後に始まるだろう。」

(2) for ～（～のわりには）

cf. for one's age（年齢のわりには）

「きのうは 1 月のわりにはかなり暖かった。」

(3) 特定の日時には on。**on** September 10（9 月 10 日に），**on** the morning of December 20（12 月 20 日の朝に）など。

「世界的に有名な音楽家であるジョン・ハイマンは，英国のロンドンで 1957 年 9 月 10 日に生まれた。」

(4) into ～（…（の状態）に（なって〔変わって〕））

▶ into は「変化」を表す。

「彼女がそのカエルにキスをしたとき，カエルは王子に変わった。」

(5) by ～（～によって，～で）

▶「手段・方法」を表す。I caught her by the arm.（私は彼女の腕をつかんだ。） by the ＋ 身体の部分名に注意。

「彼女は目の見えない人の手をとって通りを横断するのを案内した。」

(6) due to ～（～が原因で，～のために）

「交通渋滞のために，私たちは予想していたよりも少し遅く到着するだろう。」

(7) instead of ～（～の代わりに）

▶ instead of ～ ing は「～しないで」の意味になる。

「私は気が変わった。フライドチキンの代わりにステーキディナーを食べようと思う。」

(8) regardless of ～（～にかかわらず，～とは関係なく）

「国籍に関係なく，あなた（方）はこの社会で豊かになることができる。」

(9) 「✍ 今回のミニ講義」を参照。

「私は悪い評判にもかかわらず，そのレストランに行った。なぜなら，そこが非常に安かったからだ。」

(10) tell A from B（A と B を区別する）

▶ tell を distinguish や know にしても同意になる。

「ふたごの兄弟の 1 人をもう 1 人と区別することはときどき，むずかしい。」

(11) beyond description（言葉では表現できないほど）

「私が経験した悲しみは言葉では言い表せないほどのものだった。」

(12) by ～（～だけ，～の差で）

▶「差異・程度」を表す。

I missed the bus by one minute.（私は 1 分の

差でバスに乗り遅れた。）

「石油の価格が 10 パーセント以上，上がった。」

(13) 「運悪くジェーンは 2 分の差で列車に乗り遅れた。」

(14) with one's month full（口をいっぱいにして）

「ジェーンは口をケーキでいっぱいにして話していた。」

(15) over ～（～しながら）

「コーヒーを飲みながら話しましょうね。」

(16) take A into consideration（A を考慮に入れる）

「それを考慮しましょう。」

(17) buy ＋ 物 ＋ for ＋ 金額（物 を 金額 で買う）

「彼は新しいカメラを 2 万円で買った。」

(18) be above ～ing（（人が善良・高潔で）～などするはずがない）She is above lying.（彼女はうそをつかない。）

▶ above にはもとの「～の上に」の意味から派生して，「〈能力・理解など〉を超えて（＝ beyond）」の意味もある。

This book is above me.（この本は私の理解力を超えている。）

「彼は私たちをだますようなことはしないので，私たちは彼を信頼すべきだ。」

(19) order A from B（A を B に注文する）
　　　　　　└ to は ×。

「私は新しい本を数冊イギリスに注文した。」

(20) Something is wrong with A.（A はどこか具合が悪い）

▶ この with は《関係・立場》を表し，「～について，～に関して」の意。What's the matter with you?（きみはどうしたのですか）

「この腕時計はどこかおかしいにちがいない。」

2

(1) for or against（賛成か反対か）

(2) to one's ＋ 感情を表す名詞（…が～したことには）

例 to our joy（私たちがうれしいことに），much to my disappointment（私がとてもがっかりしたことには）

「～にもかかわらず」については，

「✍ 今回のミニ講義」を参照。

3

(1) help A with〔in〕B（A（人）の B（仕事など）を手伝う）

「学校から帰宅したあとすぐに，私は妹の宿題を手伝った。」

(2) while は**接続詞**（～する間に），during は**前置詞**（～の間に）
▶この区別は正誤問題で頻出。
「19世紀の間の東アフリカ沿岸からの商取り引きと移住は，東，中央，南アフリカの内陸までその言語を広げるのに役立った。」
(3) by ～ （～までに(は)），till〔until〕～ （～まで(ずっと)） この違いには注意。頻出
「私は遅くとも来週の終わりまでにはベトナム戦争の政治的，社会的な結果についての論文をなんとか書き上げることを決心した。」

👤📖 今回のミニ講義
1 (9)と **2** (2)について
☆「彼女は裕福だが，けちだ。」
Though〔Although〕she is wealthy, she is stingy. を書きかえると
① Despite ⎫
② In spite of ⎬ her wealth, she is stingy.
③ For〔With〕all ⎭
となり，この①～③はすべて前置詞の働きをしている。
特に受験生がよくやるミスとして Despite を Despite of とする点に要注意。of は不要である。つづりの覚え方は次のように下線部が同じつづりなので割合，記憶に入れやすいだろう。Despite と In spite of。「of がつくのは spite のほう」と覚えておくこと。
For〔With〕all も頻出なので，この①～③は確実に押さえること。

---

23 動詞の一致・話法 (pp.52～53)

☑ 解答

1 (1)② (is を are にする)
(2)① (has を have にする)
(3)① (was にする)
(4)③ (have にする)
(5)② (I wanted にする)
(6)③ (has にする)
(7)② (were を was にする)
(8)④ (those にする)
(9)③ (varies にする)
(10)③ (is にする)
(11)② (are を is にする)
(12)① (animal を animals にする)
(13)④ (himself を themselves にする)
(14)④ (protect を protects にする)

2 (1) is
(2) was
(3) is
(4) if you could
(5) were
3 (1) we should
(2) if〔whether〕, on
(3) told, not, that
(4) she wished she were
(5) what, thought, his
(6) depth
(7) her today

👤 解説
1
(1) 主語は Young people。
「現代社会に生まれた若者は，物質の富によって甘やかされているとよく言われる。」
(2) the police （警察）は複数扱い。集合名詞。
「警察は，銀行に押し入り多額の金を奪って逃走した5人の泥棒をつかまえた。」
(3) everyone は単数扱い。
「みんな忙しかった。男の子たちは机とイスを運んで並べかえ，女の子たちは本を並べかえた。そして先生が提案した。」
(4) 主語は students。
▶倒置なので普通の語順にすると，There have **never** been such promising students before in the history of our school.
「私たちの学校の歴史上これほど前途有望な学生たちは存在したことはない。」
(5) 時制の一致。
「私は家へ帰りたいと言ったが，だれも私の言うことを聞いてくれなかった。それで私は（しかたなく）いなければならなかった。」
(6) 「👤📖 今回のミニ講義」を参照。
「日本語を話すことができる外国人の数が最近，増加したという事実はよく知られている。」
(7) Neither A nor B （AもBもどちらも～ない）が主語のとき，動詞はBに一致する。
注 口語では，Bが単数でも複数扱いになることがしばしばあるが，入試では動詞はBに一致させるのがベストと言える。
「私がきのう自分の問題のことでジョーンズ氏とウィリアムズ氏に会いに行ったとき，どちらも私に助言をすることができなかった。」
(8) the + 複数形 = those **cf.** the + 単数形 = that
「私が田舎にいたとき持っていた考えは，今持っている考えと同じである。」

(9) 主語は The amount（額）。

「人々が支払う税金の額は，彼らが住んでいるところによってかなり異なる。」

(10) 主語の News は単数扱い。

「居眠り運転によってひき起こされた深刻な街道事故のニュースが，ちょうど入ってくるところです。」

(11) One of the minority groups in this city（この町の少数集団の中の１つ）で One of ～「～の中の<u>１つ</u>」が主語なので，動詞は単数形になる。

「この町の少数集団の中の１つは，40人の議会メンバーのうちのたった１人によって代表されている。」

(12) gray animal that <u>live</u> in trees and <u>feed</u> と，live と feed のどちらにも３・単・現の -s が付いていないので，animal は複数形にすべき。

「ご存知のように，オーストラリアのコアラは，木で生活し，葉を食べて生きている柔らかい毛の灰色の動物である。」

(13) when 節の主語は they なので，それに合わせて，for themselves とすべき。

「私たちは，子供たちが大人になって，独力で仕事をしなければならない時の用意をさせるために，彼らを学校に行かせている。」

(14) which の先行詞は the skin なので，動詞 protect には３・単・現の -s が付く。

「地球のまわりの大気は，生物を保護する皮ふにたとえられてきた。」

2

(1) B as well as A（Aだけでなく B も）が主語のとき動詞は B に一致する。

「あなたの息子たちだけでなく私の娘もそこにいることになっているとあなたはおっしゃるのですか。」

(2) 金額・距離・時間などの単位が主語のときは全体をひとまとめとして考え，単数扱い。

「60ドルは私が買ったメロンの代金としては高すぎた。」

(3) 「一般的真理・現在も変わらない習慣・歴史上の事実・ことわざ・格言」などは時制の一致を受けない。

「コペルニクスは地球が丸いということを発見した。」

(4) 「彼はあなたが彼と一緒に行くことができるかどうかとたずねた。」

(5) 「🔖 今回のミニ講義」を参照。

「多くの乗客がバス内で歌っていた。」

3

(1) セリフが "Let's ～" の文は say を propose

〔suggest〕に変え，セリフの部分を that we（should）＋原形にする。

「彼は行こうと提案した。」

(2) ask A if〔whether〕S＋V ～（A（人）に～かどうかとたずねる） *cf.* have ～ on（～を着ている）

「彼は私にメアリーが白いドレスを着ているかどうかとたずねた。」

(3) 間接話法では this を that に変えることに注意。

「彼女は私にその部屋では騒がしくしないように言った。」

(4) 仮定法（I were a boy）は時制の一致を受けない。人称のみ注意。

「私の妹は自分が男の子だったらいいのになあと言った。」

(5) 疑問詞＋S＋V（間接疑問文）の語順になる。

「彼は久美に自分の新車をどう思うかとたずねた。」

(6) 「彼は私にその湖の深さについてたずねた。」

(7) きのうの時点での「明日」は「今日」のこと。

「きのう彼女は私に今日会いに来るように言った。」

🔖 **今回のミニ講義**

1 (6)と **2** (5)について

The number of A（A の数）は**単数扱い**。

A number of A（多くの A，いくつかの A）は**複数扱い**。　＝ Many

☆この２つをハッキリと区別せよ。 注意

---

24 特殊構文 強調・倒置・省略など　*(pp.54～55)*

📝 **解答**

1 (1) on　　　　　　　　(2) ③
　　(3) that　　　　　　　(4) ①
　　(5) have the children　(6) no
　　(7) did he begin　　　(8) ③
　　(9) ②　　　　　　　　(10) while
　　(11) discovered　　　　(12) ④
　　(13) ③　　　　　　　　(14) anything
　　(15) what it is like　　(16) If not

2 (1) was it that made him change his mind
　　(2) How is it that you are able to control those lions?

3 Often

4 ②

解説

1

(1) on earth（一体全体）疑問詞を強めて疑問詞の直後に置く＝in the world

「一体全体あなたはそんなに長い間，どこにいたんだい。」

(2)～(4) It is A that ～．（～なのはAである。）**強調構文** that の代わりに who，which も用いられる。

(2)「クリスマスの買い物シーズンが始まるのは感謝祭のあとである。」

(3)「彼女がパーティーに出席しなかったのは，ただとても疲れていたからだったのですか。」

(4)「私たちがそのすてきな骨董品の銀のスプーンを見つけたのはロンドンででした。」

(5)～(8)「 今回のミニ講義」を参照。

(5)「子どもたちがそんなに多くの雪を見たことは今までに一度もない。」

(6) on no account（決して～ない）

「どんなことがあっても運転中はドアをロックしないままにすべきではない。」

(7)「彼は50歳になって初めて音楽に大いに関心をもち始めた。」

(8) only は否定的意味合いがあるので，強調して文頭に置かれるときは，主節が倒置（疑問文の形）になる。

「ビルはその時になって初めて彼女が言ったことがわかったと言った。」

(9) so＋V＋S（Sも～だ）肯定文を受ける。

「トニーは田舎を散歩するのが好きだ。そしてナンシーも同様だ。」

(10)～(11) 主節のSと同じ「S＋be動詞」の省略。

(10) while (he is) drinking beer

「私のおじは他の部屋でビールを飲みながらテレビを見ています。」

(11) if (it is) discovered in time
　　　↳ ＝cancer

「ガンはもし時間に間に合って発見されれば，治すことができる。」

(12) once (they are) formed（悪習慣はいった
　　　↳ ＝bad habits
ん形づくられると）「主節の主語（bad habits）と同じ主語＋be動詞」が省略されている。

「悪習慣はいったん形づくられると，取り除くのがとても困難になる。」

(13) Who do you think S is?（Sはだれであるとあなたは思いますか。）

▶ Yes や No で答えられないので疑問詞の Who を前へ出す。　*cf.* Do you know who he

is?（彼がだれなのか，あなたは知っていますか。）

「この音楽の作曲家はだれだと思いますか。」

(14) if anything（どちらかと言えば）

「どちらかと言えば，この言語の起源についてはほとんど知られていない。」

(15) what it is like to be ～（～であることはどのようなものであるか）

「小さな子どもでさえ友人がいないことがどのようなことかわかっている。」

(16) 省略されている語（句）を補うと，If (she did) not (pass her exams) となる。

「安奈が試験に合格していてほしい。もし彼女が試験に合格していなければ，最終学年を繰り返さなければならないだろう。」

2

(1)～(2) 疑問詞＋is it that ～？（～なのはいったい…か。）疑問詞の強調構文。

3

「 今回のミニ講義」を参照。

「めったに私はそんなに多くのアリを見たことはない。」（＝Rarely，Seldom），「かつて一度も私はそんなに多くのアリを見たことがない。」（＝Never）

4

and に着目。neither〔nor〕＋V＋S の構文でも and は接続詞なので接続詞の nor をとると二重接続詞となり不可。neither なら副詞にもなり O.K.
⚫注 イギリス英語では nor の前に and や but を用いることもあるが，日本の大学入試では，選択肢にわざと neither と nor を入れて選ばせる出題が多い（京都産業大など）。したがって，and や but のある場合は，neither を選ぶことが求められている。

「今日の午後，あなたは買い物に行く予定ですか。」「いいえ，行きませんし，千代子も行きません。」

> 🗣 今回のミニ講義
> *1* (5)～(8)と *3* について　「倒置」
> ☆強調のため否定語（句）が文頭に出ると，そのあとは「疑問文の語順」となる。注意
> I **little** dreamed (that) she would come back.（ふつうの語順の文）
> **Little did I dream** (that) she would come back.（否定語 little を文頭に出した語順）
> 「まさか彼女が帰って来るとは夢にも思わな

かった。」

1 (6) on no account〔condition〕(決して〔絶対に〕～しない)＝never

3 は **often** は否定語ではないので文頭に出ても「倒置」はおこらない。

25 熟 語 ① (pp.56〜57)

解 答

1 (1) bear   (2) raise
(3) canceled   (4) demanded
(5) compensate for   (6) investigate
(7) explain   (8) respect
(9) postpone   (10) represents
(11) resembles   (12) succeeded
(13) reduce

2 (1) off   (2) live
(3) with   (4) for
(5) meet   (6) provided
(7) out   (8) go
(9) make   (10) refrain
(11) over

3 (1) thought(s)   (2) gave
(3) a while   (4) by

解説

1
(1) put up with ～ (～をがまんする)＝bear＝stand＝endure＝tolerate
「彼女はもうその騒音には耐えられない。」
(2) bring up ～(～を育てる)＝raise＝rear
「あなたは年配の人々を尊敬するようにあなたの子どもたちを育てるべきだ。」
(3) call off ～(～を中止にする)＝cancel
「その試合は悪天候のために中止しなければならなかった。」
(4) call for ～(～を要求する)＝demand
「彼らは犯人たちに最もきびしい罰則を要求した。」
(5) make up for ～(～を取り戻す, ～の埋め合わせをする)＝compensate (for)＝recover
「自然の損失を取り戻すことができるものは何もない。」
(6) look into ～(～を調べる)＝investigate＝inspect＝examine
「警察はその事件を調査することを約束した。」
(7) account for ～(～を説明する)＝explain

「彼はこの処方せんの説明ができなかった。」
(8) look up to ～ (～を尊敬する)＝respect
反 look down on〔upon〕～ (～を軽べつする)＝despise＝scorn
「すべての子どもには尊敬すべき, 見習うべき人が必要である。」
(9) put off ～ (～を延期する)＝postpone
「今朝はお天気がとても悪いので, 私たちはその試合をきっぱりと延期すべきだ。」
(10) stand for ～ (～を表す)＝represent＝mean
「アメリカ合衆国の旗のそれぞれの縞は, 最初の 13 の植民地の 1 つを表している。」
(11) take after ～ (～に似ている)＝resemble
「私の兄は父に似ているが, 私は似ていない。」
(12) make it(うまくいく, 成功する＝make good, (時間に)間に合う)＝succeed
「ジャックは神戸で歯科医として成功した。」
(13) cut down (on) ～ (～を減らす)＝reduce
「あなたは甘いお菓子を減らさなければならないだろう。」

2
(1) be well〔badly〕off (暮らし向きがよい〔悪い〕) 比較級は be better〔worse〕off。
「彼は昔よりずっと暮らし向きがよい。」
(2) live up to ～ ((期待など)に添う, ～に基づいて行動する, (規則)を守る)
「私は両親の期待に添うように努めてきた。」
(3) get along〔on〕with ～ (～と仲よくやっていく, ～がはかどる)
「ちょうどやとわれたばかりのその若者は, 仲間の労働者たちととても仲よくやっている。」
(4) care for ～ (～を好む＝like, ～の世話をする＝take care of)
「もう一杯ビールをいかがですか。」
(5) make (both) ends meet (収入内でやりくりをする)
「あれらの人々は収入内でやりくりをするために一生懸命に働かなければならない。」
(6) provide A with B (A(人)に B(物)を与える)＝provide B for A
「ブラウン夫妻は自分の娘にりっぱな教育を受けさせた。」
(7) run out of ～ (～を使い果たす)＝exhaust
cf. run short of (～が不足する)
「私たちは砂漠の真ん中で水を使い果たした。」
(8) go with ～ (～と調和する)＝match
「このじゅうたんは私たちの持っているソ

ファーと美しく調和するだろう。」

(9) make out ～（～を理解する）= understand
「私は彼が意図することが理解できなかった。」

(10) refrain from ～ing〔名詞〕（～を差し控える）
「ホール内では禁煙することになっている。」

(11) take over ～（～を引き継ぐ）= succeed to = inherit
「彼が亡くなった時，彼の事業は息子によって引き継がれた。」

3

(1) on second thought(s)（考え直して）
「考え直して私はロンドンへ行くことに決めた。」

(2) give in〔way〕to ～（～に負ける，屈服する）
= yield to ～ = surrender to ～ = submit to ～
「彼女は他人からの圧迫に屈した。」

(3) once in a while （ときどき）
= occasionally = (every) now and then〔again〕= from time to time
「ときどき私たちは映画館に行く。」

(4) 「🖼️ 今回のミニ講義」を参照。
「きのう私は列車内で偶然彼に会った。」

🖼️ **今回のミニ講義**

3 (4)について

by chance〔accident〕= accidentally は「偶然に」の意。特に by accident を「事故で」と訳さないようにしよう。「事故で」は in the accident。
☆この同意表現に注意！　よく出る！
「私はみゆきにそこで偶然出会った。」
① I **met** Miyuki there **by accident**〔**chance**〕.
② I **met** Miyuki there **accidentally**.
③ I **happened to meet** Miyuki there.
④ I **came**〔**ran**〕**across** Miyuki there.
⑤ I **ran into** Miyuki there.
☆ come〔run〕across には「（物）をふと見つける（= find ～ by accident〔chance〕）」の意味もあり，これらも頻出。

---

26 熟　語② *(pp.58～59)*

☑ **解答**

1 (1) noticeable　　(2) support
(3) turned down　(4) criticizes
(5) experience　　(6) submit

(7) appear　　　　(8) understand
(9) is made up of　(10) overtook
(11) many　　　　 (12) abolished
(13) proved　　　 (14) made use of

2 (1) blame　　　　 (2) loss
(3) take　　　　　(4) run
(5) particular　　 (6) sense
(7) question　　　(8) up
(9) out　　　　　 (10) by

3 (1) fun　　　　　 (2) in
(3) got　　　　　 (4) pretended
(5) nothing

🗣️📖 **解説**

1

(1) stand out（目立つ）= be noticeable
〔distinguishable, conspicuous〕
「彼女の色彩豊かなドレスは人込みの中で彼女を目立たせた。」

(2) stand by〔for〕～（～を支持する〔守る〕）
= support ～ = stand up for ～ = defend ～ = back up ～
「私が困ったときはいつでも私を応援してください。」

(3) reject （～を断る）= turn down ～ = refuse
「その会社の地位に対する彼の応募は断られた。」

(4) find fault with ～（～のあらさがしをする，～に文句を言う）= criticize = complain about〔of〕～
「小林夫人はいつも他人のあらさがしをする。」

(5) go through ～（（苦しみなど）を経験する）
= experience = undergo = suffer
「あなたは苦難を経験しなければならないだろう。」

(6) hand〔give, turn〕in ～（～を提出する）= submit
「午後3時までに論文を提出してください。」

(7) turn〔show〕up （現れる）= appear
「彼はその行事に姿を現さなかった。」

(8) figure〔make〕out ～（～を理解する）= understand ～
「私は彼が言ったことを理解できなかった。」

(9) consist of ～（～から成る）= be made up of
～ *cf.* consist in ～（～にある）= lie in ～
「その委員会は12人の会員から成る。」

(10) catch up with ～（～に追いつく）= overtake ～

「彼の車は彼女の車に追いついた。」
(11) 「📖 今回のミニ講義」を参照。
「彼は自分の書斎にかなり多くの経済学の本を持っている。」
(12) do away with 〜（〜を廃止する）＝abolish 〜＝get rid of 〜
「彼らは昨年，面接試験を廃止した。」
(13) turn out（to be）〜（〜であることがわかる）＝prove（to be）〜
「その見知らぬ人は私の旧友であることがわかった。」
(14) take advantage of 〜（〜を利用する，〜につけこむ）＝make use of 〜＝utilize 〜
「私たちはビルの親切心をいいことにして，彼に垣根の修理をしてもらった。」

2
(1) be to blame for 〜（〜の責任がある）
「その失敗の責任は彼女にある。」
(2) be at a loss（困っている）＝be perplexed
「彼らは言葉に困り，ただほほえむだけだった。」
(3) take part in 〜（〜に参加する）＝participate in 〜
「彼はその議論にどうしても加わろうとはしなかった。」
(4) in the long run（結局は）＝eventually
「正直は結局は得になると言われている。」
(5) be particular about 〜（〜について好みがやかましい，気難しい）
「私たちは彼女がだれと一緒に外出するかについてとてもこだわる。」
(6) make sense（意味をなす）
「きみが言っていることは,実のところ,まったく意味をなさない。」
(7) out of the question（まったく不可能で）＝（quite）impossible
「私はお金をまったく持っていない。オートバイを買うなんて完全に不可能です。」
(8) look up a word in a dictionary（辞書で単語を調べる）
❸ a word が代名詞の場合は look **it** up のように間にはさむ。
「あなたが単語をつづることができないときは，辞書で（それを）調べなさい。」
(9) break out（（火事・戦争などが）急に起こる）＝start〔happen, occur, arise〕suddenly
「レストラン内で火事が起こったとき，ジャックは昼食をとっていた。」
(10) come by 〜（〜を手に入れる）＝get 〜＝

obtain 〜
「きみはあれらの希少本をどうやって手に入れたんだい。」

3
(1) make fun of 〜（〜をからかう）＝ridicule
「彼の英語をからかうな。」
(2) take in 〜（〜をだます）＝cheat
❸ take in 〜には（〜を理解する＝understand）の意味もある。
「私はそのぺらぺらとうまくしゃべる人に，まんまとだまされた。」
(3) get over 〜（〜から回復する，〜に打ち勝つ）＝overcome
「彼女は夫の死から決して立ち直らなかった。」
(4) make believe（〜のふりをする）
「彼女は私のことが聞こえないふりをした。」
(5) nothing but 〜（ただ〜だけ，ほんの〜）＝only
「彼はパンツしか身につけていなかった。」

📖 **今回のミニ講義**
1 (11)について
quite a few は「（かなりの）多数の」の意で「多い」ことを表す。**not a few** も同意。
同意語（句）は（**very**）many, numerous でこれを問う出題も多い。
☆(11)のように選択肢に many と too many が並んでいる場合はどうすればよいか？
この場合は **many のほうを正解として選ぶ。**
too many は「多**すぎる**」の意で「〜**すぎる**」がマイナスの要素となるためである。したがってこのような出題はヒッカケと考えて迷わず many を選ぶこと。
❸ many が選択肢になく too many が正解となる出題もある。明治学院大の出題だが，その選択肢だけを次に示す。
（not so many / not very many / too many / very few）　この中では **too many 以外は否定の意味**である。よってこの出題では正解は too many となる。
☆今後，quite a few の出題としては前者の **many か too many** かを選ばせる出題のほうが増加すると予想される。

📝**解答**

1 (1) speak〔talk〕
(2) Who is
(3) hear　　(4) bad
(5) afraid, meet
(6) business
(7) worry〔care, mind〕
(8) looking forward, seeing〔meeting〕

2 (1) make　　(2) mean
(3) die
(4) Watch〔Look〕
(5) for　　(6) in
(7) same　　(8) wrong
(9) easy　　(10) stranger
(11) company
(12) ⓐ remember　ⓑ regards

3 (1) How
(2) call

👥**解説**

1
(1) 電話での決まり文句。
(2) Who is this, please? ((電話をかけてきた相手に対して)どちら様ですか。)
(3) hear from 〜 ((人)から電話〔手紙, 伝言など〕をもらう)
(4) That's too bad. (それは残念だ, 気の毒だ)
(5) meet 〜 (〜を出迎える)
(6) on business (商用で, 用事で)
(7) 空所には「心配する」「気にする」の意味の動詞を入れる。
(8) look forward to 〜ing (〜するのを楽しみに持つ)

全訳
スミス氏 (以下, S):もしもし。
みどり (以下, M):スミスさんをお願いします。
S:はい, わたくしですが。どなたですか。
M:こちらは鈴木緑と申します。私は来月あなたのところへホームステイでお世話になる予定の学生です。
S:ああ, 緑さん！　電話してくれてありがとう。
M:こちらこそ。私の到着日をお伝えします。9月3日にロサンゼルスに到着予定です。
S:3日だって。残念だねえ。私は空港まで迎えに行けそうもないんだ。その日は仕事で出かけるんでね。
M:いえ, いいですよ。タクシーに乗りますから。

S:大丈夫だよ。私の妻がそこまであなたを車で迎えに行きます。
M:わあ, すてき。
S:それじゃあ, 私は翌日に家へ戻る予定だ。私たちはあなたに会えるのを楽しみにしているよ。
M:私もです。お話していただいて, ありがとうございました。

2
(2) *cf.* I mean it. (本気で言っているのです。)
(5) So much for A. (Aはこれでおしまい。)
　参考 call it a day ((仕事などを)切り上げる, 終わりにする)
(6) in person (みずから, 本人が)＝personally
(7) ＝Thank you all the same.＝Thank you anyway.　相手の好意・申し出などを断ったときの決まり文句。
(8) 必出の電話表現。
(9)〜(10) 会話の決まり文句。
(11) 「📖 今回のミニ講義」を参照。
　この company は「同席, 一緒にいること, 交際, つきあい」の意味。
(12) remember me to A　(Aによろしく伝える)
＝give my best regards to A＝say hello to A
3 表現とも頻出。　　⤷sに注意！

3
(1) How come S＋V 〜? (どうして〜するのか)
▶ how come は口語表現で why と同じ意味になるが, そのあとが「S＋V」の平叙文の語順になることに注意。
Why なら本問は, Why are you so sure 〜? となる。
　「その患者の症状についてなぜあなたはそんなに自信があるのですか。」
(2) call it a day (その日の仕事を終わりにする)
　「私たちはこの仕事すべてを終えられない。今すぐ切り上げよう。」

📖 **今回のミニ講義**
2 (11)について
☆「会社」以外に company には「仲間, 友人, 来客」の意味もある。　**最近頻出**
Are you having〔expecting〕company tonight? (今晩お客さんがいらっしゃるのですか。)
▶「来客」の意味のときは, 1人でも複数の場合でも company で表し, 形は変わらない。company が「同席, 一緒にいること, 交際, つきあい, 仲間, 友人, 来客」などの意味のときは不可算名詞扱い。

復習問題 ❹ *(pp.62〜63)*

☑解答

1 (1)③ (among the young にする)
(2)① (most か almost all (the)にする)
(3)① (of が不要)　(4)① (If にする)

2 (1) do　　　　(2) large
(3) another　(4) It was
(5) get　　　(6) far
(7) care　　　(8) call
(9) company　⑩ to

3 (1) refuse　　(2) canceled
(3) raised　　(4) stand
(5) distinguishable

4 (1) earth　　(2) by　　(3) alike
(4) of great importance
(5) ran　　　(6) so do I
(7) when　　(8) Once
(9) in　　　⑩ Almost all of

🧑‍🏫解説

1
(1)「若者」は the young。the＋形容詞は「〜の人々」の意味。
「その歌い手は若者の間ですぐに人気を博したが，それは長くは続かなかった。」
(2)「私はたいていの人々が結婚するとき，正直に恋愛中だと思っているが，しばしばこのことが数年後には色あせてくる。」
(3) despite 〜 （〜にもかかわらず）に of はつかない。
「世界の共通語であるにもかかわらず，英語は読めるようになるのに最もむずかしいヨーロッパの言語です。」
(4) That を If にすると，If (it is) not played regularly（古いピアノは定期的に弾かれなければ）となって，文意がとおる。
「古いピアノは定期的に弾かれなければ，その独特で固有の特質を失うことがありうる。」

2
(1) ＝May〔Can〕I help you?「何を差しあげましょうか。」（店員が客に言う言葉）
(2) 人口の「多い」が入る。
(3) more は入らない。
(4) 強調構文。
(5) get along＝get on（うまくやっていく）
(6) so far（今までのところ）
(7) care for 〜＝like 〜（〜が好きである）
(8) call it a day（（その日の）仕事を切り上げる）

3
(1) turn down 〜（〜を断る）
「なぜあなたはその申し出を断ったの？」
(2) call off 〜（〜を中止する）
「その試合は悪天候のために中止された。」
(3) bring up 〜（〜を育てる）
「サラは自分はニューヨークで育てられたと言った。」
(4) put up with 〜（〜に耐える）「私はもうこれ以上，彼の無礼には耐えられない。」
(5) stand out（目立つ）
「エミリーの明るい金髪は，他の少女たちから彼女を目立たせていた。」

4
(1) on earth＝in the world（一体全体）
「一体全体なぜその鉄道事故は起こったのか。」
(2) by 〜（〜までに(は)）
「マリ子は早起きだ。——彼女はいつも朝5時までには起きてふとんを片づける。」
(3) alike（よく似ている）
「彼らはとてもよく似ているので，私は見分けることができない。」
(4)「その文書はある一定の安全性を維持するのが非常に重要だということを明らかにしている。」
(5) run into 〜（〜に偶然会う）
「私は名古屋の空港で偶然旧友に会った。」
(6)「私の友人たちは，あなたがすぐに戻ってくることを希望しているし，私もそうだ。」
(7)《接続詞のあとの S＋be動詞の省略》when (they are) talking about 〜
∟＝British people
(彼らが〜について話している時)
「私はイギリス人が天候について話している時，彼らによって用いられる多くの興味深い表現があることに気づいた。」
(8)《接続詞のあとの S＋be動詞の省略》Once (it is) deprived of oxygen,（いったんそれ（＝脳）から酸素が奪われると）
「いったん脳から酸素が奪われると，その脳は死んでしまう。」
(9) in 〜（〜後に，あと〜で）「10分後に折り返し電話をして下さいませんか。」
⑩ Almost（ほとんど）は副詞なので all か every が必要となる。Almost every＋単数名詞（ほとんどすべての〜）となるので，ここでは不可。the hotels につなげられるのは Almost all of だけである。「今は京都を訪れるのに，一年で最も人気のある時期です。ほとんどすべてのホテルが満室です。」